© Verlag Zabert Sandmann
München
1. Auflage 2006
ISBN (10) 3-89883-163-9
ISBN (13) 978-3-89883-163-5

Grafische Gestaltung	Georg Feigl
Fotografie	Jan-Peter Westermann (Foodfotos; Aufmacher und People siehe Bildnachweis); Foodstyling: PIO; Styling: Katrin Heinatz
	Marc Eckardt (Coverfotos; Aufmacher und People siehe Bildnachweis)
Redaktion	Gerti Köhn, Edelgard Prinz-Korte, Alexandra Schlinz
Rezeptbearbeitung	Antje Klein
Porträt und Kapiteleinleitungen	Thomas Eckert
Herstellung	Karin Mayer, Peter Karg-Cordes
Lithografie	Christine Rühmer
Druck & Bindung	Mohn media Mohndruck GmbH, Gütersloh

Lizenziert durch Studio Hamburg Distribution & Marketing GmbH,
Koordination: Petra Rönnfeldt

Besuchen Sie uns auch im Internet unter www.zsverlag.de

Steffen Henssler

Hensslers Küche

Fotos von Jan-Peter Westermann
und Marc Eckardt

Inhalt

Porträt	6
Handwerk	12
Sashimi	20
Suppen & Saucen	42
Sushi	60
Fisch	74
Garnelen & Co.	96
Fleisch	116
Nachtisch	134
Glossar & Register	149

Porträt

Ein Koch aus Hamburg

Es gibt Menschen, die sind zufrieden, wenn sie etwas erreicht haben. Wenn das Leben in ruhigen, geordneten Bahnen fließt, alles seine Ordnung hat und die Liebe ihre Ruh. Für Steffen Henssler wäre so ein Leben der definitive Albtraum. Man könnte auch sagen: das Ende aller Träume. Oder überhaupt: das Ende.

Steffen Henssler ist mit seinen 33 Jahren da, wo viele seiner Kollegen so gern wären: an der Spitze, ganz oben. So weit oben, dass die Kollegen kommen und bei ihm lernen wollen. Sie würden sogar dafür bezahlen. Aber für solche Späße hat Steffen Henssler keine Zeit. Und wahrscheinlich auch keine Lust. Wie es aussieht, ist das Ende noch lange nicht in Sicht.

Steffen Henssler ist der Sushi-Koch. Der beste in Deutschland. Sushi und Sashimi sind seine Spezialitäten. Aber er kann auch Kartoffelpüree oder Tafelspitz oder Wiener Schnitzel. Auf seine Art, versteht sich, und das ist immer und in jedem Fall eine ganz eigene Art. Mit Sushi hat seine Karriere angefangen, mit Sushi soll sie aber auf keinen Fall aufhören. Steffen Henssler ist ein unruhiger Typ, ein Mensch, der weiter will und weiter geht als die meisten. Ihn reizen die Extreme. Er sagt, er habe keine Angst. Man könnte ihm glauben, wenn er nicht auch ein Mensch wäre wie wir alle. Henssler redet frei von der Leber weg und er hört lieber die Wahrheit, auch wenn sie unangenehm ist. Er sagt: „Wenn mir jemand unsympathisch ist, dann zeige ich ihm das auch." Ehrlichkeit, die wehtun kann. Steffen Henssler würde sagen: „Ich gehe meinen Weg, weil ich ihn gehen muss." Wo liegt die Schmerzgrenze? „Ich weiß es nicht."

Was ein echter Hamburger Jung ist, der boxt sich durch. Immer an seiner Seite: Hensslers Liebling, Lulu, die Bordeauxdogge.

Porträt

Der Chef sucht sich immer nur das Beste aus. Schwert- oder Thunfisch, Henssler sind beide recht.

1999 hat Steffen Henssler seine erste Sushi-Bar in Hamburg aufgemacht. Es musste sein, unbedingt. Auf einer Reise durch Amerika Anfang der Neunzigerjahre kam er nach San Diego in Kalifornien. Und aß die ersten Sushi seines Lebens. Das kam einer kulinarischen Erweckung gleich. „Ich hatte keine Ahnung, wie gut Sushi schmecken können", sagt er. Schon damals war Sushi in den USA mehr als Reis und roher Fisch. Es war ein kulinarischer Höhepunkt. Und der Anfang eines Abenteuers. Jedenfalls für Steffen Henssler, der von da an wusste, was er wirklich wollte.

Dass es einmal Sushi werden sollten, wurde dem geborenen Schwarzwälder und „gelebten Hamburger" nicht an der Wiege gesungen. Aber es hätte schon einiges passieren müssen, dass er nicht Koch geworden wäre. Sein Vater machte in den Siebzigern mit dem „Le Delice" am Hamburger Hauptbahnhof Furore, später kochte er im „Zeik", jahrelang eine kulinarische Institution in Hamburg. Mit neun Jahren kellnerte Steffen Henssler zum ersten Mal im Restaurant seines Vaters, der von Konventionen genauso wenig hielt wie die Punks, die den Bahnhof umlagerten. Der Maître kochte in Jeans und Holzfällerhemd und scherte sich nicht viel um die Kommentare seiner Gäste. Wie hätte das den jungen Henssler nicht beeindrucken sollen?

Mit sechzehn begann Steffen Henssler eine Ausbildung zum Koch in „Andresens Gasthof" in Bargum, schon damals eine der ersten Adressen in Schleswig-Holstein. Er lernte. Aber erst als der Witzigmann-Schüler Thorsten Ambrosius die Küche übernahm, passierte es: Der junge Koch begriff, dass es mehr gibt als die klassische Küche mit ihren Saucen,

Porträt

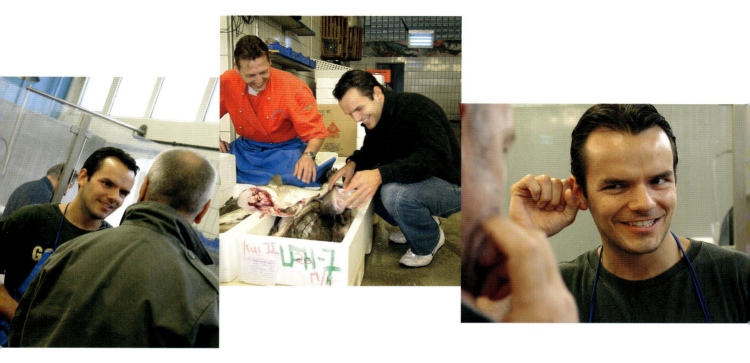

Henssler handelt. Mit Händen und Ohren. Auf dem Hamburger Fischmarkt bekommt er (fast) alles, was er für seine Küche braucht.

Braten und Beilagen. So kam es, dass der Koch, der heute – und das ohne jede Koketterie – von sich sagt, dass er die klassische Küche nicht beherrsche, lernte, dass es nur einen Weg gibt. Einen Weg, der sich lohnt, wenn einer ein guter Koch werden will: den eigenen. Immer nur den eigenen. Dem Tüchtigen hilft manchmal auch der Zufall. Henssler gewann im Lotto. Und hatte plötzlich Geld genug, an der „California Sushi Academy" in Los Angeles einen Kurs zu besuchen: drei Monate lang nichts als Sushi und nochmal Sushi. Der erste Deutsche, der bis dahin die Schule besucht hatte, lernte, wie man den perfekten Sushi-Reis kocht, wie Sushi gerollt werden, wie der Fisch geschnitten werden will. Das war meilenweit und Lichtjahre entfernt von den fantasielosen Reis-Fisch-Röllchen, die gerade in Deutschland Furore machten. Das waren leichte, lockere und unglaublich aromatische Kreationen – so wie sie Deutschland noch nie gesehen hatte.
Danach war Henssler „bereit für das große Abenteuer": das „Henssler & Henssler" in der Großen Elbstraße in Hamburg, das er zusammen mit seinem Vater betreibt. Am 9. September 2001 war die Eröffnung. Steffen Henssler hat das Konzept für das Restaurant in den vier Fabrikhallen entworfen, die zu einem großen Raum wurden. Die Küche ist offen, jeder soll sehen, wie was zubereitet wird, kein Gericht soll länger als 15 Minuten dauern. Bloß keine Hemmschwellen aufbauen, jeder soll sich hier wohl fühlen. Und wenn Steffen Henssler „jeder" sagt, dann meint er es auch. Und trotzdem: Essengehen sollte, wenn es nach Steffen Henssler geht, mehr sein als einfach nur Essengehen. Es sollte ein Ereignis sein, ein Erlebnis, etwas, das kein Alltag ist. Manchmal sagt ihm ein Gast: „Wissen Sie,

Porträt

Wenn der Chef Hand anlegt, dann schlagen die Flammen schon mal höher. Er kann aber auch ganz ruhig – wenn seine Hände in Sushi-Reis baden.

ich hatte einen wirklich furchtbaren Tag. Aber jetzt, nach dem Essen bei Ihnen, geht es mir wieder richtig gut." „So soll es sein", sagt Steffen Henssler, „das ist es, was ich meine."

„Ich will Kontraste." „Ich will Gegensätze." „Knallen soll es", sagt Steffen Henssler. Wenn der Gast glaubt, er kann bei Henssler & Henssler bekommen, was er will, dann hat er sich schwer getäuscht. „Bei mir muss sich der Gast entscheiden: ja oder nein. Dazwischen gibt es nichts." Die einen mögen's, die anderen nicht. Und genau so will es Steffen Henssler. Eine Gratwanderung nennt er seine Küche. Er will die Leute kitzeln, sie auf neue Ideen bringen. Sie sollen ihm folgen auf Wegen, die auch für ihn immer wieder neu sind. Ausgetretene Pfade, das ist nichts für einen Mann, der als Erster in Deutschland rohe Jakobsmuscheln auf die Teller brachte. Entdeckungen machen, immer wieder aufbrechen ins Unbekannte, das ist es, was ihn antreibt. Und was ihn verzweifeln lässt, wenn es ihm nicht gelingt. Früher hat Henssler geboxt und in der berühmt-berüchtigten „Ritze" auf der Reeperbahn in Hamburg trainiert. Er war Amateur, hat vier Kämpfe bestritten, zwei gewonnen, zwei verloren. Seit zwei Jahren betreibt er Eisklettern, nicht ohne vorher eine Bergsteigerschule besucht zu haben. Warum Eisklettern? Weil es eine Herausforderung ist. Weil es einen Menschen an Grenzen bringt, von denen er vielleicht nie wissen wollte, dass es sie gibt. Weil es sein muss. Weil das Leben, diese „Reise durch Erfahrungen", sonst unerträglich langweilig wäre. „Was ich mache, das mache ich richtig", sagt Steffen Henssler. Kein Bedauern, wenn etwas mal nicht so klappen sollte. „Wenn man alles versucht hat, dann gibt es nichts, was man sich vorwerfen müsste."

Porträt

Henssler rollt Sushi mit einer Bambusmatte: bester Reis 'n' Roll. Wenn Kochen keinen Spaß macht, was soll's dann. Sagt Steffen Henssler.

Das gilt auch für seine Küche. Henssler stellt nicht nur hohe Ansprüche an sich selbst. Sondern auch an alle, die zu ihm kommen. „Die Gäste sollen sich umstellen", sagt er. Und das soll heißen: Sie sollen sich öffnen, sich auf Abenteuer einlassen. Kontraste müssen sein, heiß, kalt, süß, sauer, scharf, mild, alles ist erlaubt, nur langweilig darf es auf keinen Fall sein. Das heißt nicht, dass er nicht auch eine gewisse Milde zu schätzen wüsste. „Ich liebe Crème fraîche, die spült den Mund so glatt." In sein Kartoffelpüree, auf das er ganz besonders stolz ist, kommen deshalb keine Milch und keine Butter. Nur reichlich Crème fraîche und Salz und Pfeffer. Es muss nicht immer das ganz Besondere sein. Und die Leute lieben es.

Worum geht es? Um die Entdeckung, dass Kochen ein großes Abenteuer ist, ein weites Land mit offenen Horizonten. „Ich probiere sehr viel, und ich lasse dabei meiner Fantasie freien Lauf", sagt Henssler. Er will „das Produkt aus sich selbst befreien". Das klingt vielleicht eine Spur akademisch, ist es aber nicht. Ganz und gar nicht. Denn es bedeutet ganz praktisch: Nur wer das Unmögliche und das Unglaubliche versucht, der wird – mit ein bisschen Glück – etwas Neues entdecken. Etwas Spannendes. Etwas Aufregendes. Das Leben ist zu kurz, um es in Langeweile ersticken zu lassen. Sagt Steffen Henssler. Und genau so kocht er auch.

Handwerk

Sushi ist Handarbeit. Aber ohne Kopfarbeit geht nichts. Man muss schließlich wissen, was zu tun ist. Steffen Henssler sagt: Sushi kann jeder lernen. Das gilt genauso für Tempura-Teig, Maki, Gunkan oder Nigiri. Was man braucht und wie es geht: Steffen Henssler zeigt's Ihnen.

Handwerk

Sushi-Reis

Am einfachsten geht das Reiskochen im Reiskocher: Im Verhältnis 1:1 in einem Gefäß Reis und Wasser abmessen.

Der Unterschied zwischen gekochtem Reis und Sushi-Reis ist Sushi-Zu. Sushi-Zu ist eine Essigmischung, die mit dem heißen gekochten Reis vermischt wird. Dafür 200 ml Reisessig, 170 g Zucker und 60 g Salz kalt oder lauwarm verrühren. Ich bereite Sushi-Reis erst bei Bedarf zu und lasse ihn nie ganz abkühlen, er wird sonst fest. Zum Temperieren eignet sich eine Kühlbox, die Sie mit heißem Wasser füllen, kurz stehen lassen und das Wasser abgießen – jetzt können Sie den Reis darin warm halten.

Den Reis in einer Schüssel mit kaltem Wasser bedecken und mit den Händen vorsichtig kreisend 1 bis 2 Minuten waschen.

Wasser abgießen. Reis wieder mit Wasser bedecken, abgießen. Wiederholen, bis das Wasser klar bleibt.

Reis mit Wasser 5 bis 10 Minuten im Reiskocher stehen lassen. Dann den Reis 30 bis 45 Minuten garen.

Den Reis in eine Kunststoff- oder Holzschüssel (keine Metallschüssel!) füllen und auflockern.

Kalten Sushi-Zu über den heißen Reis gießen (15 ml Sushi-Zu auf 100 g rohen Reis) und mit einem Holz- oder Kunststofflöffel untermischen.

Den heißen Reis mit einem feuchten Tuch bedecken und 10 bis 15 Minuten ziehen lassen.

Tempura-Teig

Tempura ist Bierteig auf Japanisch, und genauso vielseitig einsetzbar: Fisch, Garnelen, Gemüse, Geflügel und Früchte können damit umhüllt und anschließend knusprig frittiert werden. Die Tempura-Mischung besteht aus Weizenmehl, Triebmittel, Speisestärke und Ei und wird einfach mit kaltem Wasser im (Volumen-)Verhältnis 1:1 angerührt. Wendet man die Zutaten vorher noch in Mehl, bleibt mehr Teig daran haften und die Kruste wird etwas dicker und knuspriger. Wichtig beim Frittieren ist, dass der Topf nur zur Hälfte, höchstens zu zwei Dritteln mit Öl gefüllt ist, damit das Öl beim Erhitzen nicht übersprudelt.

Mit einem Messbecher oder einer Tasse Tempura-Mischung und Wasser im Verhältnis 1:1 abmessen und in eine Schüssel geben.

Tempura mit Wasser verrühren. Der Teig sollte noch leicht klumpig sein, nicht glatt wie Pfannkuchenteig.

Garnelen, Fleisch oder Gemüse mit Salz und Pfeffer würzen, durch den Teig ziehen, leicht abtropfen lassen.

Das Öl hat die richtige Temperatur (170 bis 180 °C), wenn an einem Holzstab Bläschen hochsteigen.

Tempura ins heiße Öl geben, 2 bis 3 Minuten goldbraun frittieren und mit dem Schaumlöffel herausheben.

Tempura auf Küchenpapier abtropfen lassen. Pikante Tempura mit Salz würzen, süße mit Puderzucker.

Handwerk

Maki Inside-out

Der Name sagte es bereits: Bei diesen Sushi wird das Innere nach außen gekehrt. Der Reis ist nicht Füllung, sondern Hülle. Maki Inside-out ist die einfachste Rolle, sie wird auf dem Brett gerollt und mit der Matte lediglich in Form gebracht. Da sie trotzdem ziemlich stabil ist, lässt sie sich gut mit Stäbchen essen. Als Füllung eignen sich Fische aller Art, Gurke, Avocado usw. Pro Rolle nehme ich 70 bis 80 g gekochten Sushi-Reis. Beim Arbeiten mit Reis feuchte ich die Hände immer wieder an, weshalb ich stets ein Schälchen mit kaltem Wasser bereitstehen habe. Übrigens: Der viel beschworene Zitronensaft oder Essig im Wasser ist nicht nötig.

1/2 Nori-Blatt quer auf die Arbeitsplatte legen. Den Reis gleichmäßig und locker darauf verteilen, dabei aber nicht zu fest drücken.

Das Nori-Blatt vorsichtig umdrehen. Der klebrige Reis bleibt auf der Matte haften.

Eine etwa 1 cm breite Wasabi-Spur längs auf die vordere Nori-Blattkante träufeln. Die Füllung darauflegen.

Das Nori-Blatt von der Füllungsseite her locker aufrollen. Die Rolle mit Frischhaltefolie belegen.

Die Rolle mit einer Bambusmatte in eine leicht kantige Form bringen, dabei nicht zu fest drücken.

Die Rolle halbieren. Die Hälften in Sesam oder Masago legen und jeweils in drei Teile schneiden.

Nigiri

Wer Sushi sagt, bekommt Nigiri. Die Klassiker werden mit den Händen geformt (pro Nigiri 30 g gekochten Reis) und auch mit den Händen gegessen. Bei Tisch dippt man die Oberseite in die Sauce, die Unterseite würde zerfallen. Als Belag eignet sich Lachs, Thunfisch, Weißfische oder auch Fleisch – roh oder gegart. Übrigens: Nigiri kommen immer zu zweit.

Die Hände in kaltes Wasser tauchen und den Reis mit beiden Händen zu daumengroßen Riegeln formen.

Mit den Fingern Wasabi auf den Reis streichen.

Den Reis mit Fisch belegen, dabei aber nicht zu fest drücken, Nigiri sollen im Mund sofort zerfallen.

Maki

Die Sushi-Urrolle heißt Maki. Sie sieht kinderleicht aus, erfordert aber ein wenig Fingerspitzengefühl beim Rollen. Wichtig ist, dass man sich beim Füllen beschränkt, sonst geht die Rolle nicht zu. In Maki wird neben Reis meist nur eine Zutat – Lachs, Thunfisch oder Gurke – eingerollt. Pro Rolle verwende ich 60 g gekochten Sushi-Reis.

1/2 Nori-Blatt auf einer Matte mit Reis belegen (oben 1 cm frei lassen). Wasabi und Füllung daraufgeben.

Das Nori-Blatt mithilfe der Matte und wenig Druck von der unteren Längsseite her aufrollen.

Die Rolle mit der Matte und ganz wenig Druck in Form bringen. Die Rolle in 6 Stücke schneiden.

Maki Inside-out spezial

Der Rolls-Royce unter den Sushi ist nicht nur opulent gefüllt, sondern wird zum Schluss noch in Tempura-Bröseln oder Kräutern gewälzt und mit Sauce beträufelt, etwa mit Hensslers Mayo, Mayonnaise „Spicy" oder Barbecue-Mayonnaise (siehe Seite 56). Da das Nori-Blatt bei diesen Sushi von der schmalen Seite her aufgerollt wird, haben reichlich Zutaten darin Platz. Ich verwende Thunfisch und Krebsfleisch – roh oder frittiert –, aber auch Geflügelfleisch oder frittierte Tempura-Garnelen. Gurke und Avocado sind ein Muss. Die halbierten Nori-Blätter belege ich vorher mit je 60 g gekochtem Sushi-Reis.

1/2 Nori-Blatt mit einer Schmalseite nach unten auf die Arbeitsfläche legen. Den Reis darauf verteilen, dabei das obere Drittel frei lassen.

Das Nori-Blatt umdrehen und mit dem freien Drittel nach unten auf die Arbeitsfläche legen.

Auf das untere Drittel eine dünne Wasabi-Spur aufstreichen und die Füllung darauflegen.

Das Nori-Blatt von unten her vorsichtig, aber eng aufrollen. Die Rolle mit Frischhaltefolie belegen und mithilfe einer Bambusmatte in Form bringen (siehe Seite 16, Schritt 5).

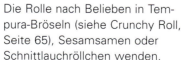

Die Rolle nach Belieben in Tempura-Bröseln (siehe Crunchy Roll, Seite 65), Sesamsamen oder Schnittlauchröllchen wenden.

Die Rolle mit Sauce beträufeln und jeweils in 5 Stücke schneiden.

Gunkan

„Schlachtschiff-Sushi" können reichlich Würfelchen von irgendetwas transportieren. Es handelt sich dabei um einfache Nigiri mit einem Belag, der alleine nicht hält und deshalb von Nori-Streifen in Form gehalten wird. Wie Nigiri kommen auch Gunkan immer als Paar, und man isst sie einfach aus der Hand. Ich verwende pro Gunkan 20 bis 30 g gekochten Sushi-Reis.

1/2 Nori-Blatt längs in 3 Streifen schneiden. Darauf achten, dass sie nicht feucht werden.

Den Reis mit wenig Druck zu daumengroßen Riegeln formen und mit einem Nori-Streifen umhüllen.

Die Nori-Blattenden mit 1 bis 2 Reiskörnern „zukleben". Etwas Wasabi auf den Reis streichen und die Füllung darauf verteilen.

Handrolle (Temaki)

Wie Eis in einer Waffeltüte präsentiert sich hier Sushi-Füllung im Nori-Blatt. Handrollen bereitet man direkt vor dem Servieren zu, denn das Nori-Blatt zieht rasch Feuchtigkeit, wird dann etwas zäh und macht Schwierigkeiten beim Abbeißen. Handrollen fülle ich mit 30 g gekochtem Reis sowie Fisch, Fleisch oder Gemüse – roh oder gegart, ganz nach Belieben.

1/2 Nori-Blatt im linken Drittel mit Reis belegen. Etwas Wasabi und die Füllung diagonal daraufgeben.

Die untere linke Nori-Blattkante über die Füllung legen.

Das Nori-Blatt zur unbelegten Seite hin tütenförmig aufrollen; die Füllung darf etwas überstehen.

Sashimi

Keine Angst vor rohem Fisch: Sashimi dürfen ruhig auch gebacken, gebraten oder gegrillt sein. Aber frisch, so frisch wie möglich muss der Fisch in jedem Fall sein. Es gibt keine schönere Spielwiese für mich, sagt Steffen Henssler. Weil mit Sashimi fast alle Variationen möglich sind.

Sashimi-Salat von der Dorade

Zutaten für 4 Personen:
2 Zwiebeln
200 g mehlig kochende Kartoffeln
50 g Butter
Salz und Pfeffer aus der Mühle
1 Chilischote
100 ml Weißwein
1 TL Branntweinessig
500 ml Gemüsebrühe
250 g Sahne
4 Doradenfilets
(à 60 g; ohne Haut)
1 Kopf Friséesalat
150 ml Steffens Dressing
(siehe Seite 58)
Saft von 1 Limette
1 Frühlingszwiebel
100 ml Ponzu-Sauce
(siehe Seite 54)

1 Zwiebeln und Kartoffeln schälen und beides klein schneiden. Die Butter in einem Topf erhitzen, Zwiebeln und Kartoffeln darin andünsten. Mit Salz und Pfeffer würzen. Die Chilischote putzen und im Ganzen dazugeben, mit Wein und Branntweinessig ablöschen. Mit der Brühe auffüllen und 20 Minuten köcheln lassen.

2 Die Sahne hinzufügen. Noch einmal aufkochen lassen, mit dem Stabmixer pürieren und durch ein Sieb streichen. Mit Salz und Pfeffer abschmecken.

3 Die Doradenfilets in dünne, schräge Scheiben schneiden. Den Friséesalat putzen und waschen. Den Salat in die einzelnen Blätter zerteilen und trocken schleudern. Das Dressing mit dem Limettensaft verrühren und den Salat damit beträufeln.

4 Auf vier Teller verteilen. Den Fisch auf dem Salat verteilen, mit Salz und Pfeffer würzen. Den Kartoffelschaum über dem Fisch und Salat verteilen. Die Frühlingszwiebel putzen, fein hacken und in die Ponzu-Sauce geben. In einem extra Schälchen servieren.

> Chilis verwende ich immer mit Kernen, weil die erst richtig Feuer geben. Wichtig: Danach unbedingt die Hände waschen. Denn, wenn man aus Versehen die Augen reibt, brennt es höllisch.

Sashimi

Maniriertes Sashimi mit Gurke und Algen

Zutaten für 4 Personen:
50 g getrocknete Wakame-Algen
400 g Filet vom Loup de mer
(ohne Haut; ersatzweise Dorade)
1 Salatgurke
1 Chilischote
1 Frühlingszwiebel
1/2 Bund Koriander
Salz und Pfeffer aus der Mühle
2 EL Sojasauce
2 TL Sesamöl
200 ml Olivenöl
100 ml Ponzu-Sauce
(siehe Seite 54)

1 Die Algen in reichlich kaltem Wasser etwa 10 Minuten einweichen. Den Fisch in dünne Scheiben schneiden. Die Gurke schälen und in Würfel schneiden.
2 Die Chilischote putzen und fein hacken. Die Frühlingszwiebel putzen und klein schneiden. Die Korianderblätter abzupfen.
3 Gurke, Chili, Frühlingszwiebel und Koriander mit dem Fisch vermischen. Mit Salz, Pfeffer, Sojasauce und Sesamöl würzen.
4 Die Algen in ein Sieb abgießen und unter den Fisch mischen. Das Sashimi etwa 5 Minuten marinieren. Das Olivenöl in einem Topf stark erhitzen. Alles in vier kleine ofenfeste Formen geben und das heiße Olivenöl darübergießen. In den Formen servieren. Die Ponzu-Sauce zum Dippen separat dazuservieren.

Sashimi von Loup de mer „Italien"

Zutaten für 4 Personen:
200 ml Olivenöl
400 g Loup de mer (ohne Haut)
Salz und Pfeffer aus der Mühle
1 Kästchen Shiso-Kresse
(ersatzweise Gartenkresse)
8 EL Ponzu-Sauce
(siehe Seite 54)
4 EL Balsamico-Essig

1 Das Öl in einem Topf erhitzen. Das Fischfilet schräg in möglichst dünne Scheiben schneiden. Dafür das Messer mit langen Schnitten durch den Fisch ziehen, die Fischscheiben sollten nur wenige Millimeter dick sein. Die Scheiben auf vier Teller verteilen und mit Salz und Pfeffer würzen.

2 Die Kresse vom Beet schneiden und darüberstreuen. Das heiße Öl mit einem Löffel direkt auf dem Fisch und der Kresse verteilen. Ponzu-Sauce und Balsamico-Essig darüberträufeln.

Sashimi

Gegrilltes Sashimi von Wassermelone und Snapper

Zutaten für 4 Personen:
1/4 Wassermelone
(möglichst ohne Kerne)
300 g Snapperfilet (ohne Haut;
ersatzweise Loup de mer oder
Dorade)
Salz und Pfeffer aus der Mühle
100 ml Ponzu-Sauce
(siehe Seite 54)
50 ml Mirin (süßer Reiswein)
1 EL Sojasauce
4 EL alter Balsamico-Essig
2 dünne Scheiben Parmaschinken

1 Das Melonenfruchtfleisch von der Schale schneiden und, falls nötig, die Kerne entfernen. Das Fruchtfleisch in vier gleich große Stücke schneiden. In einer Grillpfanne auf beiden Seiten jeweils 1 Minute scharf grillen, in dünne Scheiben schneiden und wieder zusammenschieben. Den Fisch schräg in dünne Scheiben schneiden.

2 Sashimi auf der Melone verteilen, mit Salz und Pfeffer würzen. Die Ponzu-Sauce mit Mirin und Sojasauce mischen. Den Fisch damit beträufeln, den Balsamico-Essig darüberträufeln. Den Parmaschinken in kleine Stücke zupfen und auf dem Fisch verteilen.

> Von der Ponzu-Sauce am besten gleich viel zubereiten (siehe Seite 54) und im Kühlschrank aufbewahren. Ponzu-Sauce ist nahezu unbegrenzt haltbar und eignet sich perfekt für alle Weißfisch-Sashimi anstelle von Sojasauce.

Sashimi von Lachs mit Nussbutter und Schnittlauch

Zutaten für 4 Personen:
5 g Wakame-Algen
350 g Lachsfilet (ohne Haut)
Salz und Pfeffer aus der Mühle
1 Bund Schnittlauch
4 EL Masago (Fischrogen)
150 g Butter
4 EL Ponzu-Sauce
(siehe Seite 54)

1   Die Algen in reichlich kaltem Wasser etwa 10 Minuten einweichen. Den Lachs in dünne schräge Scheiben schneiden. Auf vier längliche, ovale Teller verteilen und mit Salz und Pfeffer würzen.
2   Den Schnittlauch in feine Röllchen schneiden. Mit dem Masago über dem Lachs verteilen. Die Algen in ein Sieb abgießen und kurz trocknen lassen. Danach ebenfalls über dem Lachs verteilen. Die Butter in einem Topf erhitzen und braun werden lassen. Noch heiß über den Lachs geben. Zum Schluss die Ponzu-Sauce darüberträufeln.

> Getrocknete Wakame-Algen immer in kaltem Wasser einweichen. Die Algen sind sehr jodhaltig und runden Gerichte mit ihrem Meeresaroma ab. Wakame ergänzen sich perfekt mit Ponzu-Sauce und sind Hauptbestandteil der Miso-Suppe.

Sashimi

Mariniertes Lachstatar mit Avocado und Salat

Zutaten für 4 Personen:
150 g Lachsfilet (ohne Haut)
1/2 reife Avocado
1 Frühlingszwiebel
2 EL gehackte Korianderblätter
Salz und Pfeffer aus der Mühle
2 TL Chilisauce
1–2 EL Olivenöl
1 Spritzer Limettensaft
1/2 Kopf Eisbergsalat
Saft von 2 Zitronen
Saft von 2 Orangen
100 g Sahne
100 g Crème fraîche
4 EL Zucker

1 Den Lachs in feine Würfel schneiden. Das Avocadofruchtfleisch aus der Schale lösen und in feine Würfel schneiden. Die Frühlingszwiebel putzen und klein schneiden. Frühlingszwiebel und Koriander mit dem Lachs und der Avocado mischen. Mit Salz und Pfeffer würzen. Chilisauce, Olivenöl und den Limettensaft darübergeben und vorsichtig vermischen.
2 Den Salat waschen, trocken schleudern und in mundgerechte Stücke schneiden. Den Zitronen- und den Orangensaft mischen. Sahne und Crème fraîche unterrühren. Mit Zucker und Salz abschmecken. Über den Salat gießen, alles gut durchmischen und zum Lachstatar servieren.

> Avocado ist mein Lieblingsobst. Avocados kommen nicht nur in jede Sushirolle, sondern passen auch in Salate und in Tatar. Die beste Sorte ist die Hass-Avocado mit leicht schwärzlicher Schale. Sie ist aromatischer als andere Sorten.

Sashimi

Gebratenes Sashimi von der Forelle

Zutaten für 4 Personen:
1 große fest- oder mehlig kochende Kartoffel
1/2 Bund Petersilie
6 EL Öl
Salz
4 Forellenfilets (à ca. 80 g; mit Haut, ohne Gräten)
Pfeffer aus der Mühle
6 EL Mehl
120 g Butter
50 ml Ponzu-Sauce
(siehe Seite 54)

1 Die Kartoffel schälen, waschen und in dünne Scheiben schneiden. Die Petersilie waschen, trocken schütteln und die Blätter von den Stielen zupfen. Auf jeweils eine Kartoffelscheibe ein Petersilienblatt legen, mit einer zweiten Kartoffelscheibe bedecken und fest zusammendrücken. Die Kartoffelscheiben sollten leicht feucht sein, dann kleben sie von selbst. 4 EL Öl erhitzen und die Kartoffel-Petersilien-Chips darin knusprig backen. Auf Küchenpapier abtropfen lassen. Mit Salz würzen.

2 Die Forellenfilets nur auf der Hautseite mit Salz und Pfeffer würzen und in Mehl wenden. Das restliche Öl in einer Pfanne erhitzen und die Forellenfilets darin auf der Hautseite knusprig braten. Kurz auf Küchenpapier abtropfen lassen und in dünne Scheiben schneiden.

3 Die Fischfilets auf einer großen Platte anrichten oder auf vier Teller verteilen. Die Butter in einem Topf zerlassen und mit der Ponzu-Sauce verrühren. Um die Forellenfilets herum angießen und die Kartoffel-Petersilien-Chips neben den Filets anrichten.

Sashimi

Tuna-Saltimbocca mit Olivenölbutter und Salat

Zutaten für 4 Personen:
150 ml Weißwein
10 weiße Pfefferkörner
1 Lorbeerblatt
250 g kalte Butter
4 EL Olivenöl
Salz und Pfeffer aus der Mühle
400 g Thunfischfilet
(ohne Haut)
8 Salbeiblätter
12 Scheiben durchwachsener Speck
2–3 EL Öl
1 Kopf Römersalat
150–200 ml Caesar's Dressing
(siehe Seite 58)

1 Den Weißwein mit den Pfefferkörnern und dem Lorbeerblatt in einem Topf aufkochen und auf etwa 100 ml einkochen lassen. Pfefferkörner und Lorbeerblatt entfernen. Die kalte Butter klein schneiden und mit dem Stabmixer nach und nach unter die Weißwein-Reduktion rühren. Zum Schluss das Olivenöl untermixen. Mit Salz und Pfeffer abschmecken.

2 Den Thunfisch in vier gleich große Stücke schneiden. Die Fischfilets mit je zwei Salbeiblättern belegen und mit je drei Scheiben Speck umwickeln. Das Öl in einer Pfanne erhitzen und den Thunfisch darin kurz von allen Seiten anbraten. Herausnehmen und in dünne Scheiben schneiden.

3 Den Römersalat putzen, waschen, trocken schleudern und in Stücke zupfen. Das Ceasar's Dressing darübergeben und untermischen. Den Salat in der Tellermitte, das Thunfisch-Saltimbocca ringsherum anrichten. Mit der Olivenölbutter beträufeln.

Sashimi

Tuna-Cocktail mit Mango und Wassermelone

Zutaten für 4 Personen:
200 g Thunfischfilet (ohne Haut)
1 reife Mango
1/4 Wassermelone
1/2 Bund Petersilie
1 Bund Minze
Salz und Pfeffer aus der Mühle
Saft von 1/2 Zitrone
50 ml Sojasauce
2 TL Chilisauce
1 unbehandelte Limette
4 TL Crème fraîche

1 Den Thunfisch in etwa 1 cm große Würfel schneiden. Die Mango schälen und in breiten Scheiben vom Stein schneiden. Das Fruchtfleisch der Wassermelone von der Schale und den Kernen befreien. Mango und Melone wie den Fisch in etwa 1 cm große Würfel schneiden. Alles in einer Schüssel vermischen.

2 Petersilie und Minze waschen, trocken schütteln, die Kräuterblätter von den Stielen zupfen, grob hacken und in die Schüssel geben. Mit Salz und Pfeffer würzen. Zitronensaft, Soja- und Chilisauce dazugeben, alles verrühren.

3 In vier Cocktailschalen verteilen. Die Limette heiß waschen, trocken reiben und in Viertel schneiden. Den Tuna-Cocktail mit je 1 TL Crème fraîche und 1 Limettenviertel anrichten.

Tuna-Cocktail mit Avocado und Tempura-Garnelen

Zutaten für 4 Personen:
1 große Avocado
200 g Thunfischfilet (ohne Haut)
1 Frühlingszwiebel
1/2 Bund Koriander
1 Limette
6 Tempura-Garnelen
(Größe 16/20; siehe Seite 100)
Salz und Pfeffer aus der Mühle
4–5 EL Mayonnaise „Spicy"
(siehe Seite 56)

1 Die Avocado halbieren, entsteinen und schälen. Das Thunfischfilet und das Avocadofruchtfleisch in etwa 1 cm große Würfel schneiden. Frühlingszwiebel putzen und sehr klein schneiden. Die Korianderblätter von den Stielen zupfen und grob hacken. Alles miteinander vermischen.

2 Die Limette schälen und die Filets herausschneiden. Klein schneiden, dazugeben und unterrühren. Aus den Limettenresten den Saft ausdrücken und zu der Thunfischmischung geben.

3 Die Tempura-Garnelen vierteln und ebenfalls hinzufügen. Mit Salz und Pfeffer abschmecken, die Mayonnaise hinzufügen und alles vermischen.

| Sashimi |

Gefüllte Avocado mit scharfem Tuna und Kresse

Zutaten für 4 Personen:
2 kleine reife Avocados
320 g Thunfischfilets
(ohne Haut)
1 kleine Chilischote
1 Frühlingszwiebel
1 TL Chilipaste
2 EL Hensslers Mayo (siehe
Seite 56 oder Mayonnaise aus
dem Glas)
1 EL Sojasauce
Salz und Pfeffer aus der Mühle
Togarashi-Pfeffer (Chilipfeffer)
1 Kopf Friséesalat
100 ml Steffens Dressing
(siehe Rezept Seite 58)
2 Kästchen rote Shiso-Kresse
(ersatzweise Gartenkresse)

1 Die Avocados halbieren und die Steine entfernen. Das Fruchtfleisch herauslösen und in feine Würfel schneiden. Die Avocadoschalen zum Anrichten beiseite legen. Den Thunfisch in ebenso große Würfel wie die Avocado schneiden. Die Chilischote putzen und fein hacken. Frühlingszwiebel putzen und hacken. Avocadowürfel mit Thunfisch, Chilischote und Frühlingszwiebel in eine Schüssel geben. Mit Chilipaste, Mayonnaise, Sojasauce, Salz, Pfeffer und Togarashi-Pfeffer marinieren.

2 Den Friséesalat putzen, waschen und trocken schleudern. Nur die gelben Blätter verwenden, klein zupfen und mit dem Dressing marinieren. Den Salat jeweils in den oberen Teil der Avocadoschalen füllen, die Thunfischmasse daneben verteilen. Die Shiso-Kresse vom Beet schneiden und darüberstreuen.

Sashimi

Gebratenes Tuna-Sandwich mit Mozzarella

Zutaten für 4 Personen:
- 4 Blätter Eisbergsalat
- 2 Tomaten
- 2 Kugeln Mozzarella (à 125 g)
- 1 rote Zwiebel
- 1 Bund Basilikum
- 300 g Thunfischfilet (ohne Haut)
- 8 Scheiben Toastbrot
- 100 ml Olivenöl
- Salz und Pfeffer aus der Mühle
- 8 Scheiben durchwachsener Speck
- 4 TL alter Balsamico-Essig

1 Den Salat waschen und trocken schütteln. Die Tomaten waschen und in Scheiben schneiden, dabei die Stielansätze entfernen. Den Mozzarella ebenfalls in Scheiben schneiden. Die Zwiebel schälen und in feine Scheiben schneiden. Die Basilikumblätter von den Stielen zupfen. Den Thunfisch in dünne Scheiben schneiden.

2 Die Toastscheiben auf beiden Seiten dünn mit Olivenöl bestreichen. 4 Toastscheiben zuerst mit je 1 Salatblatt und den Tomatenscheiben belegen. Die Thunfischscheiben mit Salz und Pfeffer würzen. Den Speck in einer beschichteten Pfanne ohne Fett kross braten, herausnehmen und auf die Tomatenscheiben legen. Den Thunfisch in die heiße Pfanne geben, auf beiden Seiten je 2 Sekunden braten und auf den Speck legen. Den Mozzarella darauf verteilen. Die Zwiebelwürfel und die Basilikumblätter auf den Mozzarellascheiben verteilen und je 1 TL Balsamico darüberträufeln. Mit den restlichen Toastbrotscheiben bedecken.

3 Die Sandwiches im Sandwichtoaster oder von beiden Seiten in einer Grillpfanne goldbraun toasten. Sandwiches diagonal durchschneiden und servieren.

Sashimi

Tuna mit geschmorten Pimientos

Zutaten für 4 Personen:
1/2 Salatgurke
150 g Crème fraîche
Saft von 1 Zitrone
Salz und Pfeffer aus der Mühle
Zucker
1 Zwiebel
2 EL Butter
200 g Pimientos
(kleine scharfe Paprikaschoten)
100 ml Gemüsebrühe
200 ml Teriyaki-Sauce
1 EL geriebener Ingwer
1 TL Speisestärke
400 g Thunfischfilet
(ohne Haut)
Meersalz
1 EL Öl
2–3 kleine festkochende Kartoffeln
Öl zum Frittieren

1 Die Gurke schälen, der Länge nach halbieren und entkernen. Die Gurke in dünne Streifen schneiden. Die Crème fraîche mit dem Zitronensaft verrühren, mit Salz, Pfeffer und Zucker abschmecken und mit den Gurkenstreifen mischen. Den Gurkensalat auf einem Teller anrichten.

2 Die Zwiebel schälen und in feine Würfel schneiden. Die Butter in einem Topf erhitzen und die Zwiebel darin glasig dünsten. Die Pimientos waschen, trocken tupfen, nach Belieben die Stielansätze entfernen und die Pimientos dazugeben. Mit der Brühe und der Teriyaki-Sauce auffüllen, den Ingwer dazugeben und zugedeckt etwa 10 Minuten gar köcheln.

3 Speisestärke mit etwas kaltem Wasser glatt rühren, in die heiße Brühe rühren, einmal aufkochen lassen und mit Salz und Pfeffer abschmecken.

4 Den Thunfisch in vier gleich große Stücke schneiden und mit Meersalz und grob gemahlenem Pfeffer würzen. Das Öl in einer Pfanne erhitzen und den Fisch darin auf allen vier Seiten kurz und scharf anbraten. Thunfisch in dünne Scheiben schneiden und auf dem Gurkensalat anrichten. Die warmen Pimientos mit der Sauce auf dem Thunfisch verteilen.

5 Die Kartoffeln unter fließendem Wasser gründlich abbürsten und mit der Schale auf dem Hobel in feine Scheiben schneiden. Das Öl in einer Pfanne erhitzen und die Kartoffelscheiben darin schwimmend knusprig ausbacken. Auf dem Thunfisch verteilen.

> In Spanien werden die kleinen grünen Paprikaschoten gern mit Meersalz im Ofen gegart. Ich mag diese geschmorte Variante am liebsten. Pimientos gibt es unterschiedlich scharf. Deshalb Vorsicht bei der Verwendung.

Gebackenes Sashimi von Lachs und Tuna

Zutaten für 4 Personen:
je 200 g Lachs- und Thunfischfilet (ohne Haut)
4 Nori-Blätter (Algenblätter)
1 TL Wasabi aus der Tube (japan. Meerrettich)
50 g eingelegter Ingwer
200 ml Tempura-Mischung
8 EL Mehl
Öl zum Frittieren
1/2 Bund Schnittlauch
200 ml Sojasauce
1 TL Chilisauce

1 Den Lachs und den Thunfisch in etwa 10 cm lange und 3 cm dicke Streifen schneiden. Die Nori-Blätter mit wenig Wasser befeuchten, mit den Thunfisch- und Lachsstreifen am unteren Ende belegen. Mit dem Wasabi bestreichen und die Ingwerscheiben auf Lachs und Thunfisch verteilen. Die Blätter fest nach oben einrollen.

2 Die Tempura-Mischung mit 200 ml Wasser vermengen, aber nicht glatt rühren (der Teig soll leicht klumpig bleiben). Die Fischrollen zuerst kurz in Mehl wenden und dann durch den Tempura-Teig ziehen.

3 Das Öl auf etwa 170 °C erhitzen (siehe Seite 15, Schritt 4) und die Rollen darin etwa 1 Minute frittieren. Herausnehmen, auf Küchenpapier abtropfen lassen und in dünne Scheiben schneiden. Den Schnittlauch in feine Röllchen schneiden und mit der Soja- und Chilisauce verrühren. Als Dip zum Sashimi servieren.

> Wasabi ist für Sushi und Sashimi das „Salz in der Suppe". Es gibt Wasabi aus der Tube oder als Pulver, das mit Wasser angerührt wird. Dieses im Kühlschrank gut verschlossen aufbewahren, es hält sich lange. Bei Bedarf einfach kurz durchrühren.

Gebratene Sashimi
von Jakobsmuscheln mit Ponzu-Sauce

Zutaten für 4 Personen:
6 Jakobsmuscheln
Salz und Pfeffer aus der Mühle
6 EL Olivenöl
1 Tomate
1 Bund Frühlingszwiebeln
8 EL Ponzu-Sauce
(siehe Seite 54)

1 Die Muscheln vorsichtig mit einem spitzen Messer entlang der flachen Seite auftrennen, das Muschelfleisch herausnehmen und die Schalen beiseite legen. Den Rogen vom Muschelfleisch entfernen. Das Muschelfleisch mit Salz und Pfeffer würzen. 2 EL Öl erhitzen und die Jakobsmuscheln darin kurz scharf anbraten. Das Muschelfleisch in dünne, feine Scheiben schneiden und in die tiefen Schalen der Muscheln legen. Nochmals mit Salz und Pfeffer würzen.

2 Die Tomate kreuzweise einritzen, 10 Sekunden in kochend heißes Wasser legen, herausnehmen und kalt abschrecken. Die Tomate häuten, halbieren und entkernen, dabei den Stielansatz herausschneiden. Das feste Fruchtfleisch in Würfel schneiden. Die Frühlingszwiebeln putzen und in feine Ringe schneiden. Beides über die Muscheln geben. Zum Servieren mit je 2 EL Ponzu-Sauce und restlichem Olivenöl beträufeln.

Suppen & Saucen

Ist Mayonnaise eine Sauce? Ja, sagt Steffen Henssler, sogar meine Lieblingssauce. Also: Bitte selber machen, aber immer mit Crème fraîche. Die liebt Henssler fast noch mehr. Suppen sollen leicht sein. Und möglichst wenig Arbeit machen. Hensslers Liebling: Tomaten-Chili-Suppe. Scharf. Und leicht.

Suppen & Saucen

Oyster-Shooter

Zutaten für 4 Personen:
1 Tomate
1 Schalotte
Saft von 1 Limette
Salz und Pfeffer aus der Mühle
1/2 Gurke
75 ml Ponzu-Sauce
(siehe Seite 54)
4 Austern (ausgelöst)
1 Frühlingszwiebel
1 EL Masago (Fischrogen)

1 Die Tomate kreuzweise einritzen, 10 Sekunden in kochend heißes Wasser legen, herausnehmen und kalt abschrecken. Tomate häuten, halbieren, den Stielansatz und die Kerne entfernen. Das Fruchtfleisch in kleine Würfel schneiden. Die Schalotte schälen und in feine Würfel schneiden. Tomate, Schalotte und Limettensaft mischen und mit Salz und Pfeffer abschmecken.
2 Die Gurke schälen und klein schneiden. Gurke im Küchenmixer ganz fein pürieren, mit der Ponzu-Sauce mischen und mit Pfeffer abschmecken. Gurkensaft in 4 kleine Schnapsgläser füllen, in jedes Glas 1 Auster geben und 1 EL Tomatensalsa darauf verteilen. Die Frühlingszwiebel putzen und fein hacken. Oyster-Shooter mit Masago und Frühlingszwiebel anrichten.

Tomaten-Shooter

Zutaten für 4 Personen:
500 g Tomaten
1/2 Chilischote
Zucker
Salz und Pfeffer aus der Mühle
1/4 Avocado
100 g Flusskrebse
(ausgelöst; ersatzweise Surimi)
1 EL Henßlers Mayo
(siehe Seite 56)
1 Msp. Chilipaste
1 EL Öl
1 Blatt Frühlingsrollenteig
2 Basilikumblätter

1 Die Tomaten waschen, halbieren und den Stielansatz herausschneiden. Die Tomaten klein schneiden. Tomaten und Chili im Küchenmixer mit 1 Prise Zucker, Salz und Pfeffer ganz fein pürieren. Ein Sieb mit einem sauberen Küchenhandtuch auslegen, das Tomatenpüree hineingeben und in einen Topf laufen lassen. Den Tomatensaft auf 120 ml einkochen lassen.
2 Die Avocado schälen. Flusskrebse abbrausen und trocken tupfen. Das Avocadofruchtfleisch zusammen mit den Flusskrebsen fein hacken. Die Mayonnaise unterrühren. Mit der Chilipaste, Salz und Pfeffer abschmecken.
3 Das Öl in einer Pfanne erhitzen und den Frühlingsrollenteig darin kross braten und in 4 Teile brechen. Die Basilikumblätter in dünne Streifen schneiden. Den Tomatenfond in 4 Schnapsgläser füllen und das Basilikum darauf verteilen. Auf jedes Glas ein Stück krossen Teig legen und darauf jeweils 1 EL Krebs-Avocado-Mus verteilen.

Suppen & Saucen

Kalte Gurken-Wasabi-Suppe
mit Knuspergarnelen

Zutaten für 4 Personen:

Suppe
600 g Salatgurke
150 ml Mineralwasser
(mit Kohlensäure)
120 ml Milch
40 g Wasabi aus der Tube
(japan. Meerrettich)
1/2 TL Chilisauce
200 g Crème fraîche
Saft von 3 Limetten
Salz und Pfeffer aus der Mühle

Garnelen
8 Garnelen (Größe 16/20;
geschält, küchenfertig)
Salz und Pfeffer aus der Mühle
3 Eier
100 g Mehl
50 g Panko (asiat. Paniermehl)
6–8 EL Öl
1 Glas Pflaumensauce

1 Die Gurke schälen und in kleine Stücke schneiden. Zusammen mit Mineralwasser, Milch, Wasabi, Chilisauce, Crème fraîche und Limettensaft im Küchenmixer fein pürieren und mit Salz und Pfeffer abschmecken.

2 Die Garnelen abbrausen und trocken tupfen. Garnelen am Rücken leicht einschneiden und mit Salz und Pfeffer würzen. Die Eier in einem tiefen Teller verquirlen. Das Mehl und den Panko jeweils in tiefe Teller geben. Die Garnelen zuerst im Mehl wenden, dann durch die Eier ziehen und zuletzt in Panko panieren. Das Öl in einer Pfanne erhitzen und die Garnelen darin auf beiden Seiten knusprig braten.

3 Die Gurkensuppe auf vier Teller verteilen und die Garnelen darauf anrichten. Die Pflaumensauce mit etwas Wasser verdünnen und etwa 1/2 EL pro Teller über Suppe und Garnelen träufeln.

> Panko ist asiatisches Paniermehl, das genauso wie herkömmliches Paniermehl eingesetzt werden kann. Es besteht aus Weizenmehl, Hefe, Salz und Zucker. Panko macht Frittiertes knuspriger.

Suppen & Saucen

Karotten-Ingwer-Suppe mit Pfefferlachs

Zutaten für 4 Personen:
300 g Karotten
2 Zwiebeln
100 g Ingwer
5 EL Butter
2 TL Zucker
Salz
100 ml weißer Portwein
500 ml Gemüsebrühe
350 g Sahne
50 g eingelegter Ingwer
Pfeffer aus der Mühle
200 g Lachsfilet (ohne Haut)
rosa Pfefferbeeren
2–3 EL Öl

1 Die Karotten, Zwiebeln und den Ingwer schälen und klein schneiden. Die Butter in einem Topf erhitzen, Karotten, Zwiebeln und Ingwer darin andünsten und den Zucker und 1 TL Salz darüberstreuen. Das Gemüse mit dem Portwein ablöschen und mit der Brühe auffüllen. Die Suppe etwa 20 Minuten leicht köcheln lassen, bis die Karotten gar sind.
2 250 g Sahne dazugießen und alles einmal aufkochen lassen. Die Suppe mit dem eingelegten Ingwer im Küchenmixer pürieren, durch ein feines Sieb streichen. Mit Salz und Pfeffer würzen.
3 Den Lachs in dünne, breite Scheiben schneiden. Die Lachsscheiben zu 4 kleinen Rosen zusammenlegen und mit rosa und schwarzem Pfeffer würzen. Das Öl in einer Pfanne erhitzen und die gewürzte Seite der Lachsrosen darin kurz anbraten. Die restliche Sahne steif schlagen und vor dem Servieren unter die Suppe mixen. Den Lachs darauf anrichten.

Suppen & Saucen

Tomaten-Chili-Suppe mit Riesengarnelen

Zutaten für 4 Personen:

Suppe
2 Zwiebeln
50 g Butter
500 g Tomaten
1/2 rote Chilischote
Salz
Zucker
40 ml weißer Portwein
200 ml Gemüsebrühe
200 g Sahne
5 EL geschlagene Sahne
4 Riesengarnelen
Pfeffer aus der Mühle
2 EL Öl

Pesto
5 g Petersilienblätter
5 g Korianderblätter
5 g Basilikumblätter
1/2 Knoblauchzehe
80 ml Olivenöl
Salz

1 Die Zwiebeln schälen und fein hacken. Die Butter in einem Topf erhitzen. Zwiebeln darin glasig dünsten. Die Tomaten waschen und die Stielansätze herausschneiden. Tomaten im Ganzen zu den Zwiebeln geben. Die Chilischote mit je 1/2 EL Salz und Zucker zu den Tomaten geben. Die Tomaten mit dem Portwein ablöschen. Die Brühe dazugießen und 10 bis 15 Minuten köcheln lassen.

2 Die Sahne dazugießen und alles einmal aufkochen. Die Suppe mit dem Stabmixer pürieren und durch ein feines Sieb streichen. Die geschlagene Sahne unter die Suppe mixen.

3 Die Garnelen schälen, am Rücken entlang einschneiden und den Darm entfernen. Garnelen abbrausen, trocken tupfen und mit Salz und Pfeffer würzen. Das Öl in einer Grillpfanne erhitzen und die Garnelen darin auf beiden Seiten bei starker Hitze grillen. Garnelen auf der Tomaten-Chili-Suppe anrichten.

4 Für das Pesto die Kräuter mit der Knoblauchzehe hacken. Nach und nach das Öl auf das Brett zu den Kräutern geben und weiterhacken. Mit 1 Prise Salz würzen und so lange hacken, bis sich alles miteinander verbunden hat.

5 Die gegrillten Garnelen auf der Tomaten-Chili-Suppe anrichten. Nach Belieben mit Togarashi-Pfeffer bestreuen. Das Pesto vom Brett schaben und auf einem Löffel zur Suppe servieren.

> Koriander ist die asiatische Variante von Petersilie. Er ähnelt ihr sogar im Aussehen, die Blätter sind allerdings zarter und der Geschmack süßlich-würzig. Koriander ist wie Petersilie vielseitig einsetzbar. Es gibt ihn mittlerweile nicht nur im Asienladen, sondern auch im Supermarkt.

Suppen & Saucen

Kartoffel-Sesam-Suppe mit marinierten Krabben

Zutaten für 4 Personen:
3 Zwiebeln
100 g Butter
400 g mehlig kochende Kartoffeln
3 EL Sesamsamen
2–3 EL Sesamöl
70 ml weißer Portwein
70 ml Weißwein
850 ml Gemüsebrühe
400 g Sahne
Salz und Pfeffer aus der Mühle
Zucker
200 g Krabben
4 Radieschen
1 Bund Dill
1 EL Crème fraîche
Saft von 1/2 Zitrone

1 Die Zwiebeln schälen und in kleine Würfel schneiden. Die Butter in einem Topf erhitzen und die Zwiebeln darin andünsten. Die Kartoffeln schälen, waschen und klein schneiden. Kartoffeln, Sesamsamen und Sesamöl zu den Zwiebeln geben, alles verrühren und mit dem Port- und Weißwein ablöschen. Die Suppe mit Brühe auffüllen und etwa 15 Minuten köcheln lassen.

2 Die Sahne dazugießen und noch einmal aufkochen lassen. Suppe mit Salz, Pfeffer und Zucker abschmecken. Die Suppe im Küchenmixer oder mit dem Stabmixer pürieren und durch ein feines Sieb streichen.

3 Die Krabben trocken tupfen. Die Radieschen putzen, waschen und in feine Stifte schneiden. Die Dillspitzen von den Stielen zupfen und fein hacken. Krabben, Radieschen, Dill, Crème fraîche und Zitronensaft mischen. Mit Salz und Pfeffer abschmecken. Die Suppe auf vier Teller oder Schälchen verteilen und die marinierten Krabben darauf anrichten oder dazu servieren.

Miso-Suppe

Zutaten für 4 Personen:
1 kleines Stück Kombu (Alge)
7 g Dashi-Pulver (japan. fischhaltiges Gewürzpulver)
100 g Miso-Paste

In einem Topf 1 l kaltes Wasser mit dem Kombu aufsetzen und einmal kurz aufkochen lassen. Kombu herausnehmen und nacheinander Dashi-Pulver und Miso-Paste einrühren. Die Suppe vor dem Servieren nur erhitzen und nicht mehr kochen lassen.

Miso-Samt-Suppe

Zutaten für 4 Personen:
5 Zwiebeln
50 g Butter
200 ml Sake (Reiswein)
2 EL Essig
1 l dünne Gemüsebrühe
Salz
Zucker
500 g Sahne
100 g Miso-Paste
1 TL Pfeffer aus der Mühle

1 Die Zwiebeln schälen und in sehr kleine Würfel schneiden. Die Butter in einem Topf erhitzen und die Zwiebeln darin andünsten. Mit Sake ablöschen. Den Essig dazugeben, mit der Brühe auffüllen und je 1 TL Salz und Zucker dazugeben. Die Suppe etwa 10 Minuten köcheln lassen.
2 Die Sahne dazugießen und noch einmal aufkochen lassen. Die Suppe im Küchenmixer mit der Miso-Paste und dem Pfeffer pürieren und durch ein feines Sieb streichen.

Suppen & Saucen

Teriyaki-Sauce

Zutaten für ca. 1,2 l:
250 ml Mirin (süßer Reiswein)
500 ml Geflügelbrühe
250 ml Sojasauce
250 g Zucker
35 g Speisestärke

Den Mirin aufkochen und etwa 15 Sekunden stark kochen lassen. Mirin mit 250 ml Wasser, der Brühe und der Sojasauce auffüllen und den Zucker unterrühren. Die Sauce etwa 2 Minuten köcheln lassen. Die Speisestärke mit etwas kaltem Wasser glatt rühren und in die Sauce rühren. Die Sauce einmal aufkochen lassen, bis sie leicht bindet. Im Kühlschrank ist Teriyakisauce unbegrenzt haltbar.
> *im Bild oben*

Ponzu-Sauce

Zutaten für 250 ml:
50 ml Sake (Reiswein)
100 ml Sojasauce
100 ml frisch gepresster Zitronensaft
2 EL Puderzucker

Sake einmal kräftig aufkochen lassen und mit Sojasauce und Zitronensaft verrühren. Den Puderzucker unterrühren.
> *im Bild Mitte*

Süßsaure Sauce

Zutaten für ca. 700 ml:
1/2 Ananas
1 Apfel
je 1 unbehandelte Orange und Zitrone
50 g Ingwer
50 g Salz
150 g Tomatenmark
200 g Zucker
3 EL Tomatenketchup
1–2 TL Speisestärke

In einem Topf 1 l Wasser aufkochen. Die Ananas schälen und den harten Strunk entfernen. Das Fruchtfleisch klein schneiden und ins Wasser geben. Den Apfel, die Orange und die Zitrone waschen, mit dem Ingwer klein schneiden und zu der Ananas geben. Mit Salz und Tomatenmark bei mittlerer Hitze auf etwa zwei Drittel einkochen lassen. Die Sauce durch ein Sieb streichen und zurück in den Topf geben. Den Zucker und den Ketchup unterrühren und erneut 5 Minuten köcheln lassen. Die Speisestärke mit etwas kaltem Wasser glatt rühren und die Sauce damit binden.
> *im Bild unten*

Suppen & Saucen

Hensslers Mayo

Zutaten für ca. 250 g:
2 Eigelb
1 EL Dijon-Senf
ca. 250 ml Öl
1 EL Crème fraîche
Saft von 1/2 Zitrone
Salz und Pfeffer aus der Mühle

Die Eigelbe und den Senf verrühren. Das Öl langsam in einem dünnen Strahl unter Rühren dazugießen. Die Crème fraîche und den Zitronensaft unterrühren und die Mayonnaise mit Salz und Pfeffer abschmecken.

> *im Bild hinten rechts*

Barbecue-Mayonnaise

Zutaten für ca. 350 g:
1/2 Bund Petersilie
2 EL Tomatenketchup
2 TL Worcestersauce
1 TL Chilisauce
3 EL Kapern
1 Rezept Hensslers Mayo
(siehe oben)
Cayennepfeffer

Die Petersilie waschen und trocken schütteln. Die Blätter von den Stielen zupfen und fein hacken. Petersilie, Ketchup, Worcestersauce, Chilisauce und Kapern mit der Mayonnaise verrühren. Die Mayonnaise mit Cayennepfeffer abschmecken.

> *im Bild hinten links*

Mayonnaise „Spicy"

Zutaten für ca. 600 g:
4 Eigelb
1 EL Dijon-Senf
400 ml Öl
3–4 EL Crème fraîche
1 EL Sojasauce
1 Spritzer Sesamöl
1 TL Chilipaste
Salz und Pfeffer aus der Mühle

Die Eigelbe mit dem Senf verrühren. Das Öl zuerst tröpfchenweise, dann in einem dünnen Strahl unter Rühren dazugießen. Die Crème fraîche unterrühren. Zum Schluss die Sojasauce, Sesamöl und die Chilipaste unterrühren und mit Salz und Pfeffer abschmecken.

Wichtig: Öl und Eier müssen die gleiche Temperatur haben, am besten Zimmertemperatur, sonst gerinnt die Mayo.

> *im Bild vorne rechts*

Suppen & Saucen

Mango-Dip

Zutaten für ca. 300 g:
1 Mango
1 Zwiebel
½ Knoblauchzehe
½ Chilischote
50 g Ingwer
50 g Zucker
Salz
125 ml Weißwein
1 EL Essig

1   Die Mango schälen und das Fruchtfleisch vom Stein schneiden. Die Zwiebel schälen. Mango und Zwiebel in kleine Würfel schneiden. Den Knoblauch schälen und die Chilischote klein hacken. Den Ingwer schälen und fein reiben.

2   Den Zucker in einem Topf karamellisieren lassen. Mango und Zwiebel dazugeben und mit Salz würzen. Knoblauch, Chili und Ingwer dazugeben und mit Wein und Essig ablöschen. Die Sauce etwa 20 Minuten ganz leicht köcheln lassen. Die Sauce im Küchenmixer pürieren und durch ein Sieb streichen. Der Mango-Dip passt sehr gut zu Gemüse-Tempura (siehe Seite 100).

> im Bild vorne links

Caesar's Dressing

Zutaten für 250 ml:
50 ml Gemüsebrühe
2 EL Zitronensaft
2 EL Branntweinessig
30 g geriebener Parmesan
2 Sardellenfilets
150 ml Sonnenblumenöl
Salz und Pfeffer aus der Mühle

Alle Zutaten, bis auf das Öl, mit dem Stabmixer pürieren. Zum Schluss das Öl untermixen, bis das Dressing dickflüssig wird. Mit Salz und Pfeffer abschmecken.
> im Bild oben

Steffens Dressing

Zutaten für ca. 400 ml:
1/2 Knoblauchzehe
1/2 Zwiebel
50 ml Gemüsebrühe
50 ml Branntweinessig
je 2 TL Salz, Zucker und scharfer Senf
1/2 Eigelb
200 ml Öl

Den Knoblauch schälen und reiben. Die Zwiebel schälen und in sehr kleine Würfel schneiden. Beides mit Brühe, Essig und Gewürzen mit dem Stabmixer pürieren. Das Eigelb untermixen und zum Schluss nach und nach das Öl unterrühren.
> im Bild Mitte

Vinaigrette

Zutaten für ca. 350 ml:
1 Schalotte
1/2 Bund Schnittlauch
2 Radieschen
50 ml Gemüsebrühe
je 25 ml Rotwein- und Balsamico-Essig
je 1 TL Salz, Zucker und scharfer Senf
100 ml Olivenöl
100 ml Sonnenblumenöl

Die Schalotte schälen und sehr klein hacken. Den Schnittlauch in feine Röllchen schneiden. Die Radieschen putzen, waschen und in feine Stifte schneiden. Mit den restlichen Zutaten, außer dem Öl, verrühren, bis sich Salz und Zucker aufgelöst haben. Zum Schluss nach und nach beide Ölsorten unterrühren.
> im Bild unten

Sushi

Sushi bedeutet: Es ist immer Reis mit im Spiel. Aber es muss nicht immer Fisch sein: Nehmen Sie doch ruhig mal Ente oder Huhn. Den Sushi-Reis immer und unbedingt warm verarbeiten, sagt Steffen Henssler. Weil dann die Sushi besser schmecken. Und weil kalte Sushi ganz einfach keine Sushi sind.

Sushi

Dreierlei Handrollen

Grundzutaten pro Handrolle:
1/2 Nori-Blatt (Algenblatt)
30 g gekochter Sushi-Reis
(siehe Seite 14)
Wasabi aus der Tube
(japan. Meerrettich)
4 Gurkenstreifen
Sojasauce

Zusätzlich für California Roll:
1 Stück Krebsfleisch
(ersatzweise Surimi)
1 TL Hensslers Mayo
(siehe Seite 56)

Zusätzlich für Spicy Tuna Roll:
20 g fein gehacktes Thunfischfilet (ohne Haut), mit Chilipaste,
Hensslers Mayo (siehe Seite 56)
und Salz mariniert

Zusätzlich für
Crispy Chicken Roll:
30 g Hähnchenbrust
(in Tempura-Teig gebacken)
1 Scheibe Avocado
1 TL süßsaure Sauce oder
Hensslers Mayo
(siehe Seite 54 und 56)

Das Nori-Blatt quer auf die Arbeitsfläche legen. Den Reis auf der linken unteren Seite verteilen, mit einer Spur Wasabi bestreichen. Die Gurkenstreifen sowie die jeweilige Füllung diagonal auf den Reis legen und das Nori-Blatt aufrollen (siehe Seite 19). Die Handrollen mit Sojasauce servieren.

California Roll > *im Bild Mitte*
Spicy Tuna Roll > *im Bild links*
Crispy Chicken Roll > *im Bild rechts*

> Welche Seite der Nori-Blätter Sie belegen, ist übrigens egal – der Reis ist so klebrig, dass er immer gut haftet. Ich nehme bei Handrollen und Maki die glatte Seite aus optischen Gründen nach außen.

Sushi

Veggie Roll

Zutaten für 4 Rollen (à 6 Stücke):
1/4 Salatgurke
1/2 Avocado
Öl zum Frittieren
50 ml Tempura-Mischung
4 Frühlingszwiebeln
1 EL Mehl
2 Nori-Blätter (Algenblätter)
360 g gekochter Sushi-Reis
(siehe Seite 14)
Wasabi aus der Tube
(japan. Meerrettich)
6 EL geröstete Sesamsamen
4 EL eingelegter Ingwer
Sojasauce

1 Die Gurke waschen, längs vierteln und entkernen. Die Avocado schälen, entsteinen und in Scheiben schneiden.
2 Das Öl in einem großen Topf auf 170 bis 180 °C erhitzen (siehe Seite 15, Schritt 4). Die Tempura-Mischung mit 50 ml Wasser verrühren (siehe Seite 15). Die Frühlingszwiebeln putzen, im Mehl wenden, durch den Tempura-Teig ziehen und im heißen Öl etwa 2 Minuten frittieren. Auf Küchenpapier abtropfen lassen.
3 Die Nori-Blätter halbieren, mit Reis belegen und umdrehen, sodass die Reisseite nach unten zeigt. Die Nori-Blätter dünn mit Wasabi bestreichen, mit Gurke und Avocado und je 1 Frühlingszwiebel belegen. Von der Längsseite her aufrollen, mit Frischhaltefolie belegen und mithilfe einer Bambusmatte in Form bringen (siehe Seite 16, Schritt 5). Die Rollen halbieren, in Sesam wälzen und in je 6 Stücke schneiden. Mit Wasabi, Ingwer und Sojasauce servieren.
> *im Bild links*

California Roll

Zutaten für 4 Rollen (à 6 Stücke):
1/4 Salatgurke
1/2 Avocado
4 Stücke Krebsfleisch
(ersatzweise Surimi)
2 Nori-Blätter (Algenblätter)
360 g gekochter Sushi-Reis
(siehe Seite 14)
Wasabi aus der Tube
(japan. Meerrettich)
4 kleine EL Hensslers Mayo
(siehe Seite 56)
4 EL Masago (Fischrogen)
oder Sesamsamen
4 EL eingelegter Ingwer
Sojasauce

1 Die Gurke waschen, längs vierteln und entkernen. Die Avocado entsteinen, schälen und in Scheiben schneiden. Das Krebsfleisch längs halbieren.
2 Die Nori-Blätter halbieren, mit Reis belegen und umdrehen, sodass die Reisseite nach unten zeigt. Die Nori-Blätter dünn mit Wasabi bestreichen, jeweils 2 Stücke Krebsfleisch, 2 Stifte Avocado und etwa 8 Gurkenstreifen längs auf die Rolle legen, je 1 EL Mayonnaise darauf verteilen. Die Nori-Blätter von der Längsseite her aufrollen, mit Frischhaltefolie belegen und mithilfe einer Bambusmatte in Form bringen (siehe Seite 16, Schritt 5).
3 Die Rollen in Masago oder Sesam dippen oder wälzen. Jede Rolle in 6 Stücke schneiden. Mit Ingwer, Wasabi und Sojasauce servieren.
> *im Bild rechts*

Crunchy Roll

Zutaten für 4 Rollen (à 5 Stücke):
- 1/4 Salatgurke
- 1/2 Avocado
- 100 ml Tempura-Mischung
- 8 Garnelen (Größe 16/20; geschält, küchenfertig)
- 2 EL Mehl
- Öl zum Frittieren
- 2 Nori-Blätter (Algenblätter)
- 280 g gekochter Sushi-Reis
- Wasabi aus der Tube (japan. Meerrettich)
- 4 EL Hensslers Mayo (siehe Seite 56)
- 4 EL eingelegter Ingwer
- Sojasauce

1 Die Gurke waschen, längs vierteln und entkernen. Die Avocado entsteinen, schälen und in Scheiben schneiden.

2 Das Öl in einem großen Topf auf 170 bis 180 °C erhitzen (siehe Seite 15, Schritt 4). Die Tempura-Mischung mit 100 ml Wasser verrühren (siehe Seite 15). Die Garnelen abbrausen und trocken tupfen. Auf der Bauchseite leicht einschneiden und das Fleisch flachdrücken. Die Garnelen im Mehl wenden, durch den Tempura-Teig ziehen und im heißen Öl etwa 2 Minuten goldbraun frittieren. Garnelen und Tempura-Teigbrösel mit dem Schaumlöffel herausheben, alles auf Küchenpapier abtropfen lassen.

3 Die Nori-Blätter halbieren und mit der schmalen Seite nach unten auf die Arbeitsfläche legen und zu zwei Dritteln mit Reis belegen. Nori-Blätter umdrehen, dünn mit Wasabi bestreichen und mit Gurken- und Avocadostreifen sowie je 2 Garnelen belegen. Die Nori-Blätter von der belegten Schmalseite her aufrollen. Die Rollen mit Frischhaltefolie belegen und mithilfe einer Bambusmatte in Form bringen (siehe Seite 16, Schritt 5). Die Rollen in den Tempura-Bröseln wälzen. Jede Rolle in 5 Stücke schneiden und mit Mayonnaise beträufeln. Die Crunchy Rolls mit Ingwer, Wasabi und Sojasauce servieren.

> im Bild Mitte

Sushi

Green Duck Roll

Zutaten für 4 Rollen (à 6 Stücke):
1/4 Salatgurke
200 g gegartes Entenfleisch
2 TL Öl
6 EL Pflaumensauce
2 Nori-Blätter (Algenblätter)
360 g gekochter Sushi-Reis
(siehe Seite 14)
1/2–1 TL Wasabi aus der Tube
(japan. Meerrettich)
1 Bund Schnittlauch
4 EL eingelegter Ingwer

1 Die Gurke waschen, längs vierteln und entkernen. Das Entenfleisch in Stücke schneiden. Das Öl in einer Pfanne erhitzen und das Entenfleisch darin rundherum 2 bis 3 Minuten anbraten. Mit 4 EL Pflaumensauce ablöschen und das Entenfleisch in der Sauce wenden.
2 Die Nori-Blätter halbieren. Den Reis darauf verteilen, die Nori-Blätter umdrehen, sodass die Reisseite nach unten zeigt. Nori-Blätter dünn mit Wasabi bestreichen und mit lauwarmem Entenfleisch sowie Gurke belegen. Die Nori-Blätter von der Längsseite her einrollen, mit Frischhaltefolie belegen und mithilfe einer Bambusmatte in Form bringen (siehe Seite 16, Schritt 5).
3 Den Schnittlauch in feine Röllchen schneiden. Die Sushi-Rollen halbieren und im Schnittlauch wälzen. Jede Hälfte in 3 Stücke schneiden und mit der restlichen Pflaumensauce beträufeln. Die Green Duck Rolls mit Ingwer servieren. > *im Bild oben*

Caterpillar Roll

Zutaten für 4 Rollen (à 6 Stücke):
1/4 Salatgurke
160 g japanischer Aal (Unagi)
2 kleine Avocados
2 Nori-Blätter (Algenblätter)
360 g gekochter Sushi-Reis
(siehe Seite 14)
Wasabi aus der Tube
(japan. Meerrettich)
4 EL Teriyaki-Sauce
2 EL geröstete Sesamsamen
4 EL eingelegter Ingwer
Sojasauce

1 Den Backofen auf 200 °C vorheizen. Die Gurke waschen, längs vierteln und entkernen. Den Aal in breite Streifen schneiden und im Ofen etwa 3 Minuten erwärmen. Die Avocados halbieren, entsteinen, schälen und das Fruchtfleisch in dünne Scheiben schneiden.
2 Die Nori-Blätter halbieren. Den Reis darauf verteilen, die Nori-Blätter umdrehen, sodass die Reisseite nach unten zeigt. Die Nori-Blätter mit Wasabi bestreichen und mit Gurke und Avocado belegen. Die Nori-Blätter von der Längsseite her aufrollen und vollständig mit den Aalstreifen belegen. Mit Frischhaltefolie bedecken und mithilfe einer Bambusmatte in Form bringen (siehe Seite 16, Schritt 5).
3 Jede Rolle in 6 Stücke schneiden. Teriyaki-Sauce und Sesamsamen über die Rollen verteilen. Mit Ingwer, Wasabi und Sojasauce servieren. > *im Bild unten*

Crab Gunkan

Zutaten für 8 Stück:
1/4–1/2 reife Avocado
200 g Flusskrebse oder
Garnelen oder Krebsfleisch
(ersatzweise Surimi)
2 EL Hensslers Mayo
(siehe Seite 56)
1 EL Chilipaste
Salz und Pfeffer aus der Mühle
160 g gekochter Sushi-Reis
(siehe Seite 14)
3 Nori-Blätter (Algenblätter)
Wasabi aus der Tube
(japan. Meerrettich)
eingelegter Ingwer
Sojasauce

1 Die Avocado schälen, entsteinen und das Fruchtfleisch fein hacken (ergibt etwa 2 EL). Die Flusskrebse abbrausen und trocken tupfen. Die Krebsschwänze hacken und mit Avocado, Mayonnaise und Chilipaste verrühren. Mit Salz und Pfeffer würzen.
2 Den Reis zu 8 daumengroßen Stücken formen (siehe Seite 17). Die Nori-Blätter jeweils in 3 Streifen schneiden und die Streifen um den Reis legen (siehe Seite 19). Die Nori-Blattenden mit je 1 bis 2 Reiskörnern zusammenkleben. Den Reis dünn mit Wasabi bestreichen. Die Krebs-Avocado-Mischung auf die Reisbällchen verteilen. Mit Ingwer, Wasabi und Sojasauce servieren.

> Krebsfleisch ist leider nicht ganz billig. Bei manchen Gerichten kann man durchaus auch das preisgünstigere Surimi verwenden. Surimi ist geformtes Weißfischfleisch und wird tiefgefroren angeboten.

Gunkan von Creamy Lachs
und Creamy Jakobsmuscheln

Zutaten für 8 Stück:
1/2–1/4 reife Avocado
60 g Jakobsmuschelfleisch
Salz und Pfeffer aus der Mühle
2 EL Hensslers Mayo
(siehe Seite 56)
60 g Lachsfilet (ohne Haut)
160 g gekochter Sushi-Reis
(siehe Seite 14)
Wasabi aus der Tube
(japan. Meerrettich)
2 Nori-Blätter (Algenblätter)
2 EL eingelegter Ingwer
Sojasauce

1 Den Backofen auf 200 °C vorheizen. Die Avocado schälen und in feine Würfel schneiden (ergibt etwa 2 EL). Das Muschelfleisch fein hacken und mit Salz und Pfeffer würzen. 1 EL Mayonnaise und 1 EL Avocado unterrühren. Das Muscheltatar in eine ofenfeste Form geben und im Ofen (Mitte) etwa 5 Minuten gratinieren.
2 Das Lachsfilet ebenfalls fein hacken und mit Salz und Pfeffer würzen. Die restliche Mayonnaise und Avocado unterrühren. Den Reis zu 8 daumengroßen Stücken formen (siehe Seite 17) und dünn mit Wasabi bestreichen. Die Nori-Blätter längs jeweils in 4 Streifen schneiden und die Streifen um die Reisstücke legen (siehe Seite 19).
3 Das Jakobsmuscheltatar auf 4 Reisbällchen verteilen, die anderen 4 Reisbällchen mit dem Lachstatar belegen. Alle Nigiri mit Wasabi, Ingwer und Sojasauce servieren.
> *im Bild vorne*

Lachs-Tuna-Nigiri

Zutaten für 8 Stück:
160 g gekochter Sushi-Reis
(siehe Seite 14)
Wasabi aus der Tube
(japan. Meerrettich)
je 4 dünne Stücke Thunfisch-
und Lachsfilet (ohne Haut)
2 EL eingelegter Ingwer
Sojasauce

Den Reis zu 8 kleinen daumengroßen Stücken formen (siehe Seite 17). Auf jedes Stück etwas Wasabi streichen und mit den Fischscheiben belegen. Die Nigiri mit Wasabi, Ingwer und Sojasauce servieren.
> *im Bild hinten*

Sushi

Zweierlei Maki

Zutaten für 4 Rollen (à 6 Stücke):
je 70 g Thunfisch- und Lachsfilet (ohne Haut)
2 Nori-Blätter (Algenblätter)
280 g gekochter Sushi-Reis (siehe Seite 14)
Wasabi aus der Tube (japan. Meerrettich)
eingelegter Ingwer
Sojasauce

1 Das Fischfilet in dünne Stifte schneiden. Die Nori-Blätter halbieren, jeweils auf eine Bambusmatte legen und den Reis darauf verteilen. In der Mitte längs etwas Wasabi streichen. 2 Rollen mit Thunfisch, die anderen beiden Rollen mit Lachs belegen.

2 Jedes Nori-Blatt mithilfe der Bambusmatte von der Längsseite her aufrollen (siehe Seite 17). Die Rollen jeweils in 6 Stücke schneiden. Mit Wasabi, Ingwer und Sojasauce servieren.

Beef Nigiri

Zutaten für 8 Stück:
160 g gekochter Sushi-Reis
(siehe Seite 14)
1/2–1 TL Wasabi aus der Tube
(japan. Meerrettich)
8 dünne Scheiben Roastbeef
(à 10–15 g)
Salz und Pfeffer aus der Mühle
evtl. 2 EL Öl
4 EL Sojasauce
1 TL Chilipaste
1 Zitrone

1 Den Reis zu 8 daumengroßen Stücken formen (siehe Seite 17) und dünn mit Wasabi bestreichen. Das Fleisch mit Salz und Pfeffer würzen und um den Reis legen.
2 Die Nigiri mit dem Bunsenbrenner kurz erhitzen oder im heißen Öl in einer Pfanne auf der Fleischseite ganz kurz anbraten.
3 Sojasauce und Chilipaste verrühren und über die Nigiri geben. Die Zitrone halbieren und etwas Saft über die Nigiri träufeln.

Chirashi Sushi

Zutaten für 4 Personen:
je 60 g Thunfisch- und Lachsfilet (ohne Haut)
40 g Filet vom Loup de mer
Tempura von Gemüse
(siehe Seite 100)
4 EL Hensslers Mayo
(siehe Seite 56)
4 EL geröstete Sesamsamen
500 g gekochter Sushi-Reis
(siehe Seite 14)
4 EL eingelegter Ingwer
Wasabi aus der Tube
(japan. Meerrettich)
Sojasauce

Die Fischfilets schräg in dünne Scheiben schneiden und mit Gemüse-Tempura auf vier Teller verteilen. Mayonnaise und Sesam über das Tempura geben. Mit Reis, Ingwer, Wasabi und Sojasauce servieren.

Fisch

Steffen Henssler und der Schwertfisch: eine besondere Beziehung. Denn das Fleisch dieses Fisches eignet sich sehr gut zum Braten oder Grillen. Und das mag Henssler. Scharf und gut gewürzt, so soll es sein. Auf lau machen, also kochen oder pochieren, das ist nichts für ihn. Sein Tipp: Die Haut immer am Fisch lassen. Und natürlich mitessen.

Fisch

Dreierlei vom Matjes

Marinierter Matjes mit Kartoffelpüree

Zutaten für 4 Personen:
3 Schalotten
200 ml Olivenöl
Pfeffer aus der Mühle
4 Matjesfilets (à 120 g)
200 g mehlig kochende
Kartoffeln
Salz
3 EL Crème fraîche
8 Kapernäpfel

1 Die Schalotten schälen und in dünne Scheiben schneiden. Öl, 1 EL grob gemahlenen Pfeffer aus der Mühle und die Schalotten vermischen und den Matjes darin etwa 30 Minuten marinieren.
2 Die Kartoffeln schälen, waschen und in Salzwasser etwa 20 Minuten garen. Kartoffeln abgießen, ausdampfen lassen und durch die Kartoffelpresse drücken. Die durchgedrückten Kartoffeln und die Crème fraîche verrühren. Kartoffelpüree mit Salz und Pfeffer abschmecken.
3 Die Matjesfilets aus der Marinade nehmen, quer halbieren und mit den Schalotten und Kapernäpfeln auf dem Kartoffelpüree anrichten.
> *im Bild rechts*

Gurken-Wasabi-Shooter mit Matjestatar

Zutaten für 4 Personen:
½ Salatgurke
50 ml Milch · 80 g Crème fraîche
½ TL Wasabi aus der Tube
(japan. Meerrettich)
Saft von 1 Limette
50 ml Mineralwasser
Salz und Pfeffer aus der Mühle
2 Schalotten
1 Apfel (z. B. Granny Smith)
2 Matjesfilets (à 100 g)
1 Bund Koriander
4 EL Traubenkernöl
Saft von ½ Zitrone
1 Blatt Frühlingsrollenteig
(tiefgekühlt; ca. 21 x 21 cm)
1 EL Öl

1 Die Gurke schälen und klein schneiden. Gurke, Milch, Crème fraîche, Wasabi, Limettensaft und Mineralwasser mit dem Stabmixer pürieren und mit Salz und Pfeffer abschmecken. Gurken-Shooter in vier Schnapsgläser füllen und kühlstellen.
2 Die Schalotten schälen. Den Apfel waschen, vierteln und das Kerngehäuse herausschneiden. Matjes, Schalotten und Apfel in feine Würfel schneiden und vermischen.
3 Korianderblätter von den Stielen zupfen und grob hacken. Das Traubenkernöl, den Zitronensaft und den Koriander zur Matjes-Apfel-Mischung geben und mit Salz und Pfeffer abschmecken.
4 Den Frühlingsrollenteig auftauen lassen. Das Öl in einer Pfanne erhitzen und den Frühlingsrollenteig darin frittieren, abtropfen lassen und vierteln. Die Schapsgläser damit bedecken. Jeweils 1 EL Matjestatar darauf verteilen.
> *im Bild hinten Mitte*

Fisch

Sashimi von Matjes mit Ponzu-Sauce und Masago

Zutaten für 4 Personen:
4 Matjesfilets (à 100 g)
1 Frühlingszwiebel
150 ml Ponzu-Sauce
(siehe Seite 54)
4 EL Masago (Fischrogen)

Matjes in dünne Scheiben schneiden. Die Frühlingszwiebel putzen, fein hacken und mit der Ponzu-Sauce mischen. Den Matjes auf Teller verteilen. Die Ponzu-Sauce darüberträufeln und den Masago darauf verteilen.

> *im Bild links*

Fisch

Scharf marinierter Kabeljau „Nobu-Art"

Zutaten für 4 Personen:

Miso-Sauce
150 ml Sake (Reiswein)
75 ml Mirin (süßer Reiswein)
350 g Miso-Paste
(Würzpaste aus Sojabohnen)
200 g Zucker
2 Chilischoten
3 EL Togarashi-Pfeffer
(Chilipfeffer)
3 EL Chilipaste

Kabeljau
4 Kabeljaufilets (à 160 g)
Salz und Pfeffer aus der Mühle
2 EL Öl
700 g mehlig kochende Kartoffeln
150 g Crème fraîche
1 Bund Schnittlauch
4 Bananenblätter
(à 10 cm breit)
2 unbehandelte Limetten
4 EL eingelegter Ingwer

1 Für die Miso-Sauce den Sake und den Mirin in einem Topf aufkochen und etwa 10 Sekunden kochen lassen. Nacheinander die Miso-Paste und den Zucker unterrühren, bis beides vollständig aufgelöst ist. Die Chilischoten putzen und klein hacken. Chili, den Togarashi-Pfeffer und die Chilipaste in die Miso-Sauce rühren. Im Kühlschrank am besten über Nacht abkühlen lassen.

2 Den Kabeljau mit so viel Miso-Sauce marinieren, dass der Fisch vollständig bedeckt ist. 150 ml Miso-Sauce beiseite stellen. Den Fisch zugedeckt 1 Tag in den Kühlschrank stellen.

3 Am nächsten Tag den Fisch aus der Marinade nehmen und abtupfen. Mit Salz und Pfeffer würzen. Den Backofen auf 220 °C vorheizen. Das Öl in einer Pfanne erhitzen und den Kabeljau darin auf beiden Seiten scharf anbraten, der Fisch darf ein bisschen schwarz werden. Den Fisch auf ein Backblech legen und im Ofen (Mitte) 10 bis 13 Minuten garen.

4 Die Kartoffeln schälen, waschen und in Salzwasser etwa 20 Minuten garen. Kartoffeln abgießen, ausdampfen lassen und durch die Kartoffelpresse drücken. Die durchgedrückten Kartoffeln und die Crème fraîche verrühren. Den Schnittlauch in feine Röllchen schneiden und unterrühren. Kartoffelpüree mit Salz und Pfeffer abschmecken.

5 Das Püree auf die Bananenblätter verteilen, den Fisch darauf anrichten und die Miso-Sauce rundherum verteilen. Bananenblätter oben mit Holzspießen zusammenstecken. Limetten heiß waschen, trocken tupfen und vierteln. Den Kabeljau im Bananenblatt jeweils mit Limettenvierteln und 1 EL Ingwer servieren.

> Ingwer gibt Gerichten eine hintergründige Schärfe und zitrusartige Frische. Frischer Ingwer kommt gehackt oder gerieben in Saucen, eingelegter Ingwer wird zu Sushi und Sashimi zum Neutralisieren des Gaumens serviert.

Fisch

Schnitzel von Rotbarsch
mit Bratkartoffeln und Zitronen-Champignons

Zutaten für 4 Personen:
1 kg festkochende Kartoffeln
3 kleine Zwiebeln
100 g durchwachsener Speck
250 ml Öl
Salz und Pfeffer aus der Mühle
4 EL Butter
1 Bund krause Petersilie
4 Rotbarschfilets (à 150 g)
2 Eier
5–6 EL Mehl
120 g Panko (asiat. Paniermehl)
160 g Champignons
1 Zitrone
1/2 Bund Koriander

1 Die Kartoffeln waschen, mit der Schale etwa 20 Minuten garen, sodass sie noch Biss haben. Kartoffeln kurz abkühlen lassen, noch warm pellen und in dünne Scheiben schneiden. Die Zwiebeln schälen und in sehr kleine Würfel schneiden. Den Speck ebenfalls in Würfel schneiden. 2 EL Öl in einer Pfanne erhitzen und die Kartoffelscheiben darin goldbraun braten. 1 Zwiebel und den Speck dazugeben und 1 bis 2 Minuten mitbraten. Die Bratkartoffeln mit Salz und Pfeffer kräftig würzen. 1 EL Butter dazugeben und die Kartoffeln durchschwenken. Die Petersilie waschen, trocken schütteln und die Blätter von den Stielen zupfen. Grob hacken und zum Schluss unter die Kartoffeln mischen.
2 Die Rotbarschfilets mit Salz und Pfeffer würzen. Die Eier verquirlen. Die Filets zuerst im Mehl wenden, dann durch die Eier ziehen und zuletzt mit Panko panieren. 200 ml Öl in einer Pfanne erhitzen und die Filets darin auf beiden Seiten etwa 5 Minuten goldbraun backen.
3 Die Pilze putzen, trocken abreiben und achteln. Das restliche Öl in einer Pfanne erhitzen und die Pilze darin anbraten, die restlichen Zwiebelwürfel mitbraten. Die Zitrone dick schälen und die einzelnen Filets herausschneiden und klein hacken. Die Zitronenfilets zu den Pilzen geben und durchschwenken. Die restliche Butter dazugeben. Die Korianderblätter von den Stielen zupfen und hacken. Unter die Pilze mischen. Die Pilzpfanne mit Salz und Pfeffer abschmecken. Die Bratkartoffeln auf vier Teller verteilen, den Fisch daneben anrichten und die Pilze auf dem Fisch verteilen.

Gegrillter Saibling aus der Folie
mit Butterkartoffel und Asia-Gurkensalat

Zutaten für 4 Personen:

- 250 g Butter
- 2 große festkochende Kartoffeln
- Salz
- Togarashi-Pfeffer (Chilipfeffer)
- 1 kleine Zwiebel
- 1 Salatgurke
- 1 EL getrocknete Wakame (Algen)
- 80 ml Reisessig
- 1 TL Zucker
- Pfeffer aus der Mühle
- 1 EL Sesamöl
- 1 EL Sesamsamen
- 100 g Ingwer
- 1 unbehandelte Zitrone
- 1 Bund Petersilie
- 4 Saiblinge (à 250–300 g; küchenfertig; ersatzweise Forellen)
- 1 EL Öl

1 Den Backofen auf 160 °C vorheizen. Die Butter in einem Topf erhitzen und die oben schwimmende Molke mit der Schaumkelle so lange abschöpfen, bis die Butter ganz klar ist. Die Kartoffeln schälen, waschen, halbieren und die Seiten abschneiden. Mit Salz und Togarashi-Pfeffer würzen. Die Hälften in kleine ofenfeste Förmchen legen und jeweils so viel Butter dazugießen, dass die Kartoffeln vollständig bedeckt sind. Im Ofen (Mitte) etwa 25 Minuten garen.

2 Die Zwiebel und die Gurke schälen und beides in dünne Scheiben schneiden. Zwiebel- und Gurkenscheiben leicht salzen und etwa 10 Minuten ziehen lassen. Beides auf einem Sieb abtropfen lassen. Wakame in kaltem Wasser etwa 5 Minuten einweichen, dann auf einem Sieb abtropfen lassen. Zwiebel- und Gurkenscheiben mit den Algen mischen und mit Essig, Zucker, Salz und Pfeffer abschmecken. Sesamöl darüberträufeln und mit dem Sesam bestreuen.

3 Den Ingwer schälen und so viel fein reiben, dass es 1 EL ergibt. Den Rest in grobe Stücke schneiden. Die Zitrone heiß waschen und in dünne Scheiben schneiden. Die Petersilie waschen und trocken schütteln. Die Fische mit Salz und Pfeffer würzen und jeweils auf ein Stück geölte Alufolie legen. Die Fische mit den Ingwerstücken, den Zitronenscheiben und der Petersilie füllen und in die Folie wickeln. Die Fische in einer heißen Grillpfanne auf beiden Seiten etwa 4 Minuten braten. Die Saiblinge in der Folie mit dem Gurkensalat und den Butterkartoffeln anrichten.

Fisch

Gegrilltes Doradenfilet
mit Chili-Kartoffel-Püree

Zutaten für 4 Personen:
700 g mehlig kochende Kartoffeln
Salz
1 Chilischote
150 g Crème fraîche
20 g Chilipaste
Pfeffer aus der Mühle
4 Doradenfilets
(à 120 g; mit Haut)
1 EL Öl
250 ml Teriyaki-Sauce

1 Die Kartoffeln schälen, waschen und in Salzwasser etwa 20 Minuten garen. Kartoffeln abgießen, ausdampfen lassen und noch heiß durch die Kartoffelpresse drücken. Die Chilischote putzen und klein hacken. Mit Crème fraîche und Chilipaste unter die Kartoffeln rühren. Mit Salz und Pfeffer abschmecken.
2 Die Doradenfilets mit Salz und Pfeffer auf beiden Seiten würzen. Die Fischfilets auf beiden Seiten mit Öl bestreichen und in einer heißen Grillpfanne auf jeder Seite etwa 2 Minuten grillen. Das Kartoffelpüree auf vier Teller verteilen, die Doradenfilets darauf anrichten. Die Teriyaki-Sauce kurz erhitzen und rund um den Fisch träufeln.

Fisch

Gebratenes Tuna-Steak
mit Honig und Rahmspinat

Zutaten für 4 Personen:
300 g frischer Blattspinat
Salz
1 Schalotte
100 g Butter
Pfeffer aus der Mühle
frisch geriebene Muskatnuss
2 dicke Thunfischfilets
(à 170 g; ohne Haut)
2 EL Öl
4 EL flüssiger Honig
2 EL Sesamsamen
150 ml Sojasauce
1 Rezept Hensslers Mayo
(siehe Seite 56)
1 EL Chilisauce

> Thunfisch wird fast immer als Yellow Fin (Sorte) angeboten. Wichtig: Nie durchbraten, sonst wird er steinhart und trocken. Thunfisch ist der ideale Fisch für alle, die noch nie rohen Fisch gegessen haben.

1   Den Spinat verlesen und waschen. In kochendes Salzwasser geben, nach etwa 10 Sekunden herausnehmen und kalt abschrecken. Spinat gut ausdrücken und grob hacken.
2   Die Schalotte schälen und in kleine Würfel schneiden. Die Butter in einer Pfanne erhitzen und die Schalotte darin glasig dünsten. Den Spinat dazugeben und kräftig mit Salz und Pfeffer würzen. Mit Muskatnuss abschmecken und den Spinat etwa 5 Minuten garen.
3   Den Fisch mit Salz und Pfeffer kräftig würzen. Eine schwere Pfanne, möglichst aus Gusseisen, stark erhitzen und das Öl hineingeben. Den Fisch darin auf beiden Seiten nur kurz anbraten (er soll innen noch roh sein), den Honig mit den Sesamsamen darübergeben und karamellisieren lassen. Den Fisch wenden, mit der Sojasauce ablöschen. Die Mayonnaise mit der Chilisauce unter den Spinat rühren und mit dem Thunfisch servieren.

Fisch

Tuna-Steak vom Grill
mit Teriyaki-Gemüse

Zutaten für 4 Personen:
100 g Babymais
Salz
1 rote Paprikaschote
1 kleiner Zucchino
16 Shiitake-Pilze
4 kleine Pak Choi
(asiat. Kohlsorte)
3 EL Öl
Pfeffer aus der Mühle
1/2 Bund Koriander
2 EL geröstete Sesamsamen
200 ml Teriyaki-Sauce
1/2 Salatgurke
1 kleiner Rettich
200 g Crème fraîche
Zucker
1–2 EL Chilipaste
Saft von 1/2 Zitrone
4 Thunfischfilets
(à ca. 160 g; ohne Haut)

1 Den Mais waschen und in kochendem Salzwasser etwa 1 Minute blanchieren und kalt abschrecken. Die Paprika putzen, halbieren, entkernen, waschen und in Streifen schneiden. Den Zucchino putzen, waschen und in Scheiben schneiden. Die Pilze putzen und trocken abreiben. Pak Choi putzen, waschen, abtropfen lassen und klein schneiden.

2 In einer Pfanne 2 EL Öl erhitzen und Babymais, Paprika und Pilze darin anbraten, nach etwa 2 Minuten den Pak Choi dazugeben. Alles mit Salz und Pfeffer würzen. Die Korianderblätter von den Stielen zupfen und grob hacken. Koriander und Sesam zum Gemüse geben und mit der Teriyaki-Sauce ablöschen.

3 Die Gurke und den Rettich schälen. Gurke längs halbieren und entkernen. Gurke und Rettich in dünne Stifte schneiden oder fein hobeln. Die Crème fraîche mit Salz, Pfeffer, 1 Prise Zucker, Chilipaste und Zitronensaft verrühren. Die Sauce mit dem Gurken-Rettich-Salat verrühren.

4 Den Thunfisch mit Salz und Pfeffer würzen. Den Fisch mit dem restlichen Öl bestreichen und in einer heißen Pfanne auf beiden Seiten kurz scharf anbraten, sodass er in der Mitte noch roh ist. Tuna-Steaks mit dem Teriyaki-Gemüse und dem Gurken-Rettich-Salat servieren.

Teriyaki von Lachs
in Pfeffersauce mit Wasabi-Gurken

Zutaten für 4 Personen:
3 EL schwarze Pfefferkörner
2 Lachsfilets (à 150 g; mit Haut)
Salz
5–6 EL Mehl
2 EL Öl
1/2 Salatgurke
2 Schalotten
1 EL Butter
150 ml Noilly Prat
(franz. Wermut)
1/2 Bund Dill
1–2 TL Wasabi aus der Tube
(japan. Meerrettich)
1–2 EL Crème fraîche
6 EL Teriyaki-Sauce

1 Den Backofen auf 170 °C vorheizen. Den Pfeffer grob auf eine Platte mahlen. Den Lachs salzen, mit der Hautseite auf den Pfeffer legen und fest andrücken, sodass eine Kruste entsteht. Die Lachsfilets im Mehl wenden. Das Öl in einer ofenfesten Pfanne erhitzen. Den Lachs mit der Hautseite nach oben anbraten. Den Fisch auf die Hautseite wenden, ebenfalls kurz anbraten und im Ofen in der Pfanne 2 bis 3 Minuten fertig garen.

2 Die Gurke schälen, längs halbieren und entkernen. Die Gurke quer in dicke Scheiben schneiden. Die Schalotten schälen und in sehr kleine Würfel schneiden. Die Butter erhitzen und die Schalotten darin glasig dünsten. Die Gurken dazugeben, salzen und etwa 1 Minute dünsten. Mit Noilly Prat ablöschen und etwa 5 Minuten weiterköcheln lassen.

3 Die Dillspitzen von den Stielen zupfen und hacken. Mit Wasabi und Crème fraîche unter die Gurken rühren. Etwa 1 Minute ziehen lassen, zur Seite stellen. Den Lachs aus dem Ofen nehmen und auf die Seite ohne Haut legen. Die Teriyaki-Sauce dazugießen, ziehen lassen und immer wieder löffelweise über den Fisch träufeln. Nach etwa 1 Minute vom Herd nehmen. Mit dem Gurkengemüse anrichten.

Fisch

Wolfsbarsch vom Grill
mit Pesto-Gemüse und Dashi-Butter

Zutaten für 4 Personen:
je 1/2 Bund Petersilie und Koriander
1 Knoblauchzehe
20 g Ingwer
1 EL Sesamöl
2–3 EL Olivenöl
5 EL Pflanzenöl
100 g Babymais
1 Zucchino
2 rote Paprikaschoten
16 Shiitake-Pilze
4–5 EL Öl
Salz und Pfeffer aus der Mühle
150 ml Weißwein
10 weiße Pfefferkörner
1 Lorbeerblatt
250 g Butter
1 EL Dashi-Pulver (japan. Gewürzpulver)
4 Wolfsbarschfilets (à 160 g; mit Haut)

1 Die Kräuter waschen, trocken schütteln und die Blätter von den Stielen zupfen. Knoblauch und Ingwer schälen und fein reiben. Knoblauch und Ingwer mit den Kräutern mit dem Stabmixer pürieren. Sesam- und Olivenöl sowie Pflanzenöl dabei langsam dazugießen. Das Pesto mit Salz und Pfeffer abschmecken.

2 Den Babymais waschen und in kochendem Salzwasser etwa 1 Minute blanchieren. Den Mais kalt abschrecken. Den Zucchino putzen, waschen und in dünne Scheiben schneiden. Die Paprika putzen, halbieren, entkernen und waschen. Paprika in etwa 1/2 cm dicke Stifte schneiden. Die Pilze putzen und trocken abreiben. 3 EL Öl in einer Pfanne erhitzen und die Paprika und den Babymais darin anbraten. Zucchino und Pilze im Ganzen dazugeben und alles mit Salz und Pfeffer würzen. Die Hitze reduzieren und das Pesto unter das Gemüse mischen.

3 Den Weißwein mit Pfefferkörnern und Lorbeerblatt in einem Topf aufkochen und auf 100 ml einkochen lassen. Die kalte Butter in Würfel schneiden und mit dem Stabmixer unter den Weinsud mixen. Die Butter mit Salz und Pfeffer abschmecken und das Dashi-Pulver unterrühren.

4 Die Fischfilets mit Salz und Pfeffer würzen. Fisch auf beiden Seiten mit dem restlichen Öl bestreichen und in einer heißen Grillpfanne auf beiden Seiten etwa 2 Minuten grillen. Wolfsbarsch und Pesto-Gemüse mit der Dashi-Butter servieren.

Fisch

Saltimbocca von Seeteufel mit weißem Spargel

Zutaten für 4 Personen:
4 Seeteufelfilets
(à 150 g; ohne Haut)
Salz und Pfeffer aus der Mühle
8 Salbeiblätter
8 Scheiben durchwachsener Speck
2–3 EL Öl
16 Stangen weißer Spargel
1 TL Zucker
375 g kalte Butter
75 g Panko (asiat. Paniermehl)
150 ml Weißwein
10 weiße Pfefferkörner
1 Lorbeerblatt
2 EL grob gemahlener weißer Pfeffer

1 Die Seeteufelfilets mit Salz und Pfeffer würzen. Jedes Fischfilet mit 2 Salbeiblättern belegen und mit je 2 Scheiben Speck umwickeln. Das Öl in einer Pfanne erhitzen und den Fisch darin auf beiden Seiten scharf anbraten. Die Hitze etwas reduzieren und den Fisch etwa 4 Minuten pro Seite fertig braten.

2 Den Spargel schälen und die holzigen Enden abschneiden. Spargel in kochendem Salzwasser mit dem Zucker etwa 5 Minuten blanchieren. Spargel kalt abschrecken, trocken tupfen und jede Stange dritteln. 125 g Butter in einer Pfanne erhitzen. Den Spargel darin anbraten und mit Salz und Pfeffer würzen. Nach etwa 1 Minute das Panko in die Pfanne streuen und mit dem Spargel leicht rösten.

3 Den Weißwein mit den Pfefferkörnern und dem Lorbeerblatt in einem Topf erhitzen und auf 100 ml reduzieren. Den Weinsud durch ein Sieb in eine Schüssel gießen. Die restliche kalte Butter in Würfel schneiden und nach und nach mit dem Stabmixer unter den Wein rühren. Die Sauce mit Salz abschmecken und zum Schluss den grob gemahlenen Pfeffer unterrühren. Den Fisch mit dem Spargel und der Sauce anrichten.

Fisch

Zander in der Folie mit Zitronengras

Zutaten für 4 Personen:
10 Shiitake-Pilze
2 Schalotten
2 Kartoffeln
1 Zucchino
1 Bund Koriander
100 g Ingwer
4 Stängel Zitronengras
2 EL Chilisauce
Salz und Pfeffer aus der Mühle
1 EL Butter
4 Zanderfilets (à 90 g; mit Haut)
250 ml Weißwein
2 EL Sesamöl

1 Die Pilze putzen, trocken abreiben und klein schneiden. Die Schalotten und die Kartoffeln schälen. Den Zucchino putzen und waschen. Schalotten, Kartoffeln und den Zucchino in Scheiben schneiden. Die Korianderblätter von den Stielen zupfen und grob hacken. Den Ingwer schälen. Das Zitronengras und den Ingwer in grobe Stücke schneiden. Gemüse, Koriander und Gewürze mischen und mit Chilisauce, Salz und Pfeffer würzen.

2 Den Backofen auf 200 °C vorheizen. Vier große Stücke Alufolie mit Butter einfetten und zu Schalen formen. Die Zanderfilets in die Alufolien geben und das Gemüse darin verteilen, darauf achten, dass jede Portion Zitronengras enthält. Den Weißwein und das Sesamöl darüberträufeln. Die Alufolie nach oben fest verschließen, sodass der Fisch luftdicht verpackt ist, und die Päckchen in eine ofenfeste Form stellen. Im Ofen (Mitte) etwa 10 Minuten garen und direkt in der Alufolie servieren.

Fisch

Zander mit Kartoffelkruste und Gurkensalat

Zutaten für 4 Personen:
2 mehlig kochende große Kartoffeln
Salz und Pfeffer aus der Mühle
1 Bund Koriander
1 Bund Zitronenthymian
4 Zanderfilets
(à 150 g; ohne Haut)
100 g Mehl
1 TL Wasabi-Pulver
(japan. Meerrettich)
2 EL Öl
2 Salatgurken
1 Bund Dill
300 g Crème fraîche
Saft von 1 Zitrone
1 TL Zucker

1 Den Backofen auf 200 °C vorheizen. Die Kartoffeln schälen, waschen, grob reiben und mit Salz und Pfeffer würzen. Die Koriander- und Thymianblätter von den Stielen zupfen, grob hacken und mit den Kartoffeln mischen.

2 Die Fischfilets mit Salz und Pfeffer würzen. Das Mehl mit dem Wasabi-Pulver mischen und den Fisch darin wenden. Die Kartoffelraspel jeweils auf einer Fischseite verteilen. Das Öl in einer Pfanne mild erhitzen und den Fisch darin zuerst auf der Kartoffelseite kross braten, wenden und auf der anderen Seite ebenfalls braten. In eine ofenfeste Form legen und im Ofen (Mitte) weitere 2 bis 3 Minuten fertig garen.

3 Die Gurken putzen, waschen, längs halbieren und entkernen. Gurkenhälften in Scheiben schneiden und mit Salz und Pfeffer würzen. Die Dillspitzen von den Stielen zupfen und grob hacken. Mit der Crème fraîche unter die Gurken rühren. Den Zitronensaft mit dem Zucker verrühren und über die Gurken träufeln. Alles vermischen und den Gurkensalat mit dem Zander anrichten.

Fisch

Gebratener Schwertfisch
mit Kartoffel-Avocado-Püree und Ananas-Relish

Zutaten für 4 Personen:

Ananas-Relish
1/3 reife Ananas
1 Schalotte
50 g Zucker · 100 g Butter
Salz und Pfeffer aus der Mühle
Saft von 1 Orange
200 ml Weißwein

Kartoffelpüree
500 g mehlig kochende
Kartoffeln · Salz
4–5 EL Crème fraîche
Pfeffer aus der Mühle
1 reife Avocado

Schwertfisch
4 Schwertfischfilets (à 150 g)
Salz und Pfeffer aus der Mühle
1 Ei · 3 EL Mehl
30 g Panko (asiat. Paniermehl)
2 EL Öl
Togarashi-Pfeffer (Chilipfeffer)

1 Für das Relish die Ananas schälen. Der Länge nach in Spalten schneiden und den harten Strunk in der Mitte entfernen. Das Fruchtfleisch in 1/2 cm große Würfel schneiden. Die Schalotte schälen und in kleine Würfel schneiden.

2 Den Zucker in einem Topf erhitzen, bis er karamellisiert. Die Butter dazugeben und die Schalotte darin andünsten. Die Ananas dazugeben und mit Salz und Pfeffer würzen. Ananas etwa 3 Minuten köcheln lassen. Mit dem Orangensaft und dem Weißwein ablöschen und alles vermischen. Vom Herd nehmen.

3 Für das Püree die Kartoffeln schälen, waschen und in Salzwasser etwa 20 Minuten garen. Kartoffeln abgießen, etwas ausdampfen lassen und durch eine Kartoffelpresse drücken oder zerstampfen. Die Crème fraîche unterrühren und mit Salz und Pfeffer würzen. Die Avocado schälen, den Stein entfernen und das Fruchtfleisch in Würfel schneiden. Unter das Kartoffelpüree rühren, nach Belieben mit Chilisauce abschmecken.

4 Für den Fisch den Backofen auf 200 °C vorheizen. Die Fischfilets mit Salz und Pfeffer würzen. Das Ei verquirlen. Den Fisch zuerst im Mehl wenden, dann durch das Ei ziehen, zuletzt mit Panko panieren. Das Öl in einer ofenfesten Pfanne erhitzen und den Fisch darin auf beiden Seiten anbraten. Den Fisch im Ofen (Mitte) in der Pfanne 2 bis 3 Minuten fertig garen. Die Schwertfischfilets mit dem Kartoffelpüree und dem Ananas-Relish anrichten. Über das Relish etwas Togarashi-Pfeffer streuen.

> Togarashi-Pfeffer kommt aus Japan und besteht u. a. aus Chilipfeffer, Sesam, Algen und Orangenschale. Er hat ein leicht bitteres Aroma und richtig Feuer. Togarashi-Pfeffer besitzt mehr Geschmacksnuancen als Cayennepfeffer.

Fisch

Loup de mer im Salzteig mit mariniertem Gemüse

Zutaten für 4 Personen:
2 Karotten
1/2 Sellerieknolle
2 Zucchini
Salz und Pfeffer aus der Mühle
2 Bund Petersilie
1/2 Knoblauchzehe
150 ml Olivenöl
4 ganze Loup de mer
(à 300–400 g; küchenfertig)
2 EL Öl
2 kg grobes feuchtes Meersalz
4 Eiweiß
je 4 Rosmarin- und Thymianzweige
2 unbehandelte Zitronen

1 Die Karotten und den Sellerie schälen. Zucchini putzen und waschen. Karotten, Sellerie und Zucchini in sehr dünne Scheiben schneiden oder hobeln. Alles auf einem Backblech verteilen, mit Salz und Pfeffer würzen.

2 Die Petersilie waschen, trocken schütteln und die Blätter von den Stielen zupfen. Den Knoblauch schälen und hacken. Petersilie, Knoblauch und das Olivenöl mit dem Stabmixer pürieren, mit Salz und Pfeffer abschmecken. Das Pesto auf das Gemüse streichen und 30 bis 35 Minuten marinieren lassen.

3 Den Backofen auf 225 °C vorheizen. Den Fisch mit Öl einreiben. Meersalz und Eiweiße etwa 2 Minuten verrühren. Eine dünne Schicht Salz auf einem mit Backpapier ausgelegten Backblech verteilen, den Fisch darauflegen. Die Rosmarin- und Thymianzweige darauf verteilen. Mit dem restlichen Salz bedecken und fest andrücken. Der Fisch muss vollständig mit Salz bedeckt sein. Im Ofen (Mitte) etwa 12 Minuten garen.

4 Vor dem Servieren das Salz vorsichtig entfernen. Die Zitronen heiß waschen, trocken reiben und halbieren. Fisch und Gemüse mit je 1/2 Zitrone anrichten.

Henslers Fischstäbchen mit Asia-Remoulade

Zutaten für 4 Personen:
- 6 Eier
- 1/2 Chilischote
- 3 Gewürzgurken
- 5 EL Kapern
- 1/2 Bund Petersilie
- 200 g Henslers Mayo (siehe Seite 56)
- je 2 EL Sojasauce und Sesamöl
- 1 Spritzer Worcestersauce
- Salz und Pfeffer aus der Mühle
- 12 Kabeljaufilets (à 60–80 g; ersatzweise Seelachsfilet)
- 5–6 EL Mehl
- 150 g Panko (asiat. Paniermehl)
- 4 EL Öl

1 Zwei Eier hartkochen, kalt abschrecken, schälen und fein hacken. Die Chilischote putzen und fein hacken. Die Gewürzgurken in feine Würfel schneiden und die Kapern grob hacken. Die Petersilie waschen, trocken schütteln und die Blätter von den Stielen zupfen. Ebenfalls grob hacken.

2 Eier, Chili, Gurke, Kapern und Petersilie unter die Mayonnaise rühren und mit Sojasauce, Sesamöl, Worcestersauce, Salz und Pfeffer abschmecken.

3 Die Fischfilets mit Salz und Pfeffer würzen. 4 Eier in einem tiefen Teller verquirlen. Das Mehl und das Panko jeweils in tiefe Teller geben. Fisch zuerst im Mehl wenden, dann durch die Eier ziehen und zuletzt mit Panko panieren. Das Öl in einer Pfanne erhitzen und den Fisch darin auf beiden Seiten knusprig braten. Die Remoulade zu den Fischstäbchen servieren.

Garnelen & Co.

Knackig müssen sie sein. Und in Salzwasser aufgewachsen, denn sonst taugen sie zu nichts. Tiefgekühlt – kein Problem. Aber niemals in heißem Wasser auftauen. Steffen Henssler frittiert und backt, egal ob Garnelen, Krabben, Krebs oder Co. Zwei, drei Minuten im Ofen, fertig. Natürlich mit Mayo. Das ist die schnelle Küche, die Henssler liebt.

Garnelen & Co.

Riesengarnelen mit Spargel-Tomaten-Gemüse

Zutaten für 4 Personen:
2 unbehandelte Zitronen
400 ml Weißwein
5 weiße Pfefferkörner
250 g kalte Butter
4 Fleischtomaten
2 Bund grüner Spargel
Salz
8 Riesengarnelen (Größe 4/6; mit Kopf und Schale)
Pfeffer aus der Mühle
16 dünne Scheiben durchwachsener Speck
2 EL Öl
2 Schalotten
3 EL alter Balsamico-Essig

1 Die Zitronen heiß waschen und in kleine Stücke schneiden. Mit dem Wein und den Pfefferkörnern in einen Topf geben und auf 100 ml einkochen lassen. Die Flüssigkeit durch ein Sieb gießen und 200 g Butter in Stückchen nach und nach mit dem Stabmixer unterrühren.

2 Die Tomaten kreuzweise einritzen und etwa 10 Sekunden in kochendes Wasser legen. Herausnehmen und kalt abschrecken. Die Tomaten häuten, vierteln und entkernen, dabei die Stielansätze herausschneiden. Den Spargel waschen und die holzigen Enden abschneiden. Den Spargel im kochenden Salzwasser etwa 2 Minuten blanchieren und kalt abschrecken. Den Spargel in mundgerechte Stücke schneiden.

3 Den Backofen auf 180 °C vorheizen. Die Garnelen schälen, den Kopf dranlassen, den Rücken etwas einschneiden und den Darm entfernen, die Garnelen abbrausen, trocken tupfen und mit Salz und Pfeffer würzen.

4 Je 2 Speckscheiben nebeneinanderlegen und je 1 Garnele darin einwickeln. Das Öl in einer Pfanne erhitzen und die Speckgarnelen darin auf beiden Seiten kurz anbraten. Die Garnelen auf ein Backblech oder eine ofenfeste Platte legen und im Ofen (Mitte) 2 bis 3 Minuten garen.

5 Die Schalotten schälen und in kleine Würfel schneiden. Die restliche Butter in einer Pfanne erhitzen, den Spargel darin anbraten. Tomaten und Schalotten dazugeben und kurz anbraten. Mit Salz und Pfeffer würzen, mit Essig ablöschen und etwas einkochen lassen.

6 Die Garnelen mit dem Gemüse anrichten und etwas Zitronenbutter über den Garnelen verteilen. Die restliche Zitronenbutter im Kühlschrank aufbewahren und bei Bedarf über gebratenen Fisch oder Krustentiere träufeln.

Garnelen-Schaschlik mit Barbecue-Mayonnaise

Zutaten für 4 Personen:
- 8 Riesengarnelen (Größe 6/8; geschält, küchenfertig)
- 1 kleine rote Zwiebel
- 1 rote Paprikaschote
- 100 g frisches Ananasfruchtfleisch
- 8 Physalis (Kapstachelbeeren)
- Salz und Pfeffer aus der Mühle
- 30 g gelbe Currypaste
- 6 EL Öl
- 12 EL Barbecue-Mayonnaise (siehe Seite 56)

1 Die Garnelen abbrausen, trocken tupfen und jeweils in drei Stücke schneiden. Die Zwiebel schälen und in grobe Würfel schneiden. Die Paprika putzen, halbieren, entkernen, waschen und mit der Ananas in nicht zu kleine Stücke schneiden. Die Physalis aus den Hüllen lösen, waschen und trocken tupfen.

2 Garnelen, Zwiebel, Paprika, Ananas und Physalis im Wechsel auf vier Schaschlikspieße stecken. Die Currypaste mit 2 EL Öl verrühren, die Spieße damit bestreichen und etwa 20 Minuten im Kühlschrank marinieren lassen. Das restliche Öl in einer Pfanne erhitzen und die Spieße darin auf beiden Seiten je etwa 3 Minuten braten. Alternativ die Spieße auf dem Grill braten. Das Garnelen-Schaschlik mit der Barbecue-Mayonnaise servieren.

Garnelen & Co.

Tempura von Black-Tiger-Garnelen mit Rettich-Dip

Zutaten für 4 Personen:
500 ml Öl zum Frittieren
4 Black-Tiger-Garnelen (Größe 13/15, möglichst Seawater-Qualität; geschält, küchenfertig)
Salz und Pfeffer aus der Mühle
200 ml Tempura-Mischung
100 ml Sake (Reiswein)
100 ml Mirin (süßer Reiswein)
100 ml Sojasauce
1/2 Rettich

1 Das Öl in einem Topf auf 170 bis 180 °C erhitzen (siehe Seite 15, Schritt 4). Die Garnelen abbrausen, trocken tupfen und mit Salz und Pfeffer würzen.
2 Die Tempura-Mischung mit 200 ml Wasser verrühren (siehe Seite 15). Die Garnelen durch den Teig ziehen und im heißen Öl etwa 3 Minuten goldbraun frittieren.
3 Sake und Mirin in einen Topf gießen, aufkochen lassen und mit der Sojasauce in einer Schüssel verrühren. Den Rettich schälen, fein reiben und in die Sake-Soja-Mischung rühren. Das Garnelen-Tempura mit dem Rettich-Dip servieren.   > im Bild rechts
Auch Gemüsestückchen können Sie in Tempura-Teig tauchen und ausbacken. Dazu passt dann Mango-Dip (siehe Seite 57).

Crab Cake

Zutaten für 4 Personen:
180 g mehlig kochende Kartoffeln
Salz
200 g Flusskrebse (geschält; ersatzweise Garnelen oder Surimi)
Pfeffer aus der Mühle
2 EL Hensslers Mayo (siehe Seite 56)
50 g Mehl
2 Eier
50 g Panko (asiat. Paniermehl)
2 EL Öl

1 Die Kartoffeln schälen, waschen und in Salzwasser etwa 20 Minuten garen. Die Kartoffeln abgießen, etwas ausdampfen lassen und durch die Kartoffelpresse drücken.
2 Die Flusskrebse abbrausen, trocken tupfen und unter die Kartoffeln rühren. Salzen und pfeffern. Die Kartoffelmasse mit Mayo verrühren und zu 4 Frikadellen formen. Die Frikadellen mit Mehl, verquirlten Eiern und Pankomehl panieren und im heißen Öl auf beiden Seiten je etwa 5 Minuten goldbraun braten. Mit Gurkensalat (siehe Seite 103) servieren.

Garnelen & Co.

Teriyaki-Garnelen mit scharfem Gurkensalat

Zutaten für 4 Personen:

Gurkensalat
1 kleine Salatgurke
1 Stück Rettich
Salz
200 g Crème fraîche
2 TL Chilipaste
Togarashi-Pfeffer (Chilipfeffer)
Saft von 1 Limette
½ TL Zucker
Pfeffer aus der Mühle

Teriyaki-Garnelen
Öl zum Frittieren
12 Garnelen (Größe 16/20; geschält, küchenfertig)
Salz und Pfeffer aus der Mühle
200 ml Tempura-Mischung
5–6 EL Mehl
300 ml Teriyaki-Sauce

1 Für den Gurkensalat die Gurke und den Rettich schälen. Die Gurke längs halbieren und entkernen. Gurke und Rettich in dünne Streifen schneiden und salzen. Crème fraîche mit Chilipaste, Togarashi-Pfeffer, Limettensaft und Zucker verrühren und mit Salz und Pfeffer abschmecken. Crème fraîche mit Gurke und Rettich mischen. Nach Belieben mit schwarzem Sesam bestreuen.

2 Für die Garnelen das Öl in einem Topf auf 170 °C erhitzen (siehe Seite 15, Schritt 4). Die Garnelen abbrausen, trocken tupfen, die Rücken längs bis zur Hälfte einschneiden. Garnelen mit Salz und Pfeffer würzen. Tempura-Mischung mit 200 ml Wasser nicht ganz glatt verrühren (siehe Seite 15).

3 Das Mehl auf einem Teller verteilen, die Garnelen im Mehl wenden, dann durch den Tempura-Teig ziehen. Den Teig etwas abtropfen lassen und die Garnelen im Öl etwa 3 Minuten goldbraun frittieren. Herausnehmen und auf Küchenpapier abtropfen lassen. Die Teriyaki-Sauce in einem Topf erwärmen und die Garnelen durch die Sauce ziehen. Teriyaki-Garnelen mit dem Gurkensalat servieren.

> Garnelen gibt es nur ganz selten frisch zu kaufen. Auch Fischhändler bieten in der Regel nur aufgetaute Tiefkühlgarnelen an. Im rohen Zustand sind Garnelen graublau; gekocht oder gebraten werden sie rot.

Garnelen & Co.

Garnelen aus dem Ofen mit hausgemachtem Brot

Zutaten für 4 Personen:

Brot
150 ml Milch
1 Würfel Hefe (42 g)
1 EL Zucker
500 g Mehl
1 EL Salz

Garnelen
12 Garnelen (Größe 13/15; geschält; küchenfertig)
16 Cocktailtomaten
4 Knoblauchzehen
je 1/2 Bund Thymian und Rosmarin
300 ml Öl
Salz und Pfeffer aus der Mühle

1 Für das Brot die Milch und 100 ml Wasser in einem Topf lauwarm erhitzen. In eine Schüssel geben und die zerbröckelte Hefe und den Zucker unterrühren, bis sich beides vollständig aufgelöst hat. Mehl und Salz dazugeben und etwa 10 Minuten stehen lassen.

2 Mehl und Hefemilch mit den Knethaken des Handrührgeräts durchkneten. Den Teig zugedeckt an einem warmen Ort etwa 1 Stunde gehen lassen.

3 Den Backofen auf 180 °C vorheizen. Den Teig nochmal durchkneten, 2 bis 3 Baguettes daraus formen und auf ein mit Backpapier ausgelegtes Backblech legen. Die Brotlaibe weitere 10 Minuten gehen lassen. Das Brot im Ofen (Mitte) etwa 25 Minuten goldbraun backen. Dann herausnehmen und auf einem Gitter lauwarm auskühlen lassen. Die Backofentemperatur auf 220 °C erhöhen.

4 Die Garnelen abbrausen, abtropfen lassen und trocken tupfen. Die Tomaten waschen und halbieren. Die Knoblauchzehen schälen und grob hacken. Thymian- und Rosmarinblättchen abzupfen und fein hacken. Knoblauch und Kräuter in einer Schüssel mit dem Öl verrühren, mit Salz und Pfeffer würzen. Garnelen und Tomaten dazugeben, vermischen und alles in eine ofenfeste Form geben. Die Garnelen im Ofen (Mitte) etwa 10 Minuten garen. Die Knoblauchgarnelen herausnehmen und mit dem noch warmen Brot servieren.

> Cocktailtomaten haben ein intensiveres Aroma als ihre großen Verwandten. Ich verwende sie möglichst ganz oder halbiert. Sie sind vor allem für Gerichte aus dem Ofen ideal.

Garnelen & Co.

Rösti mit Krabben und Dillcreme

Zutaten für 4 Personen:
- 4 Radieschen
- 1 Schalotte
- 1/2 Bund Schnittlauch
- 200 g Nordseekrabben
- Salz und Pfeffer aus der Mühle
- Saft von 1 Zitrone
- 1–2 Bund Dill
- 150 g Crème fraîche
- 1 EL Zucker
- 400 g mehlig kochende Kartoffeln
- 2 EL Öl

1 Die Radieschen putzen, waschen und in Stifte schneiden. Die Schalotte schälen und in feine Würfel schneiden. Den Schnittlauch in Röllchen schneiden. Die Krabben trocken tupfen. Radieschen, Schalotte und Schnittlauch mit den Krabben mischen und mit Salz, Pfeffer und 1 EL Zitronensaft würzen.

2 Die Dillspitzen abzupfen und klein schneiden. Crème fraîche mit Dill, restlichem Zitronensaft und Zucker verrühren und mit Salz und Pfeffer abschmecken.

3 Die Kartoffeln schälen, waschen und grob raspeln. Die Kartoffelraspel mit Salz und Pfeffer würzen. In einer Pfanne 1/2 EL Öl erhitzen, ein Viertel der Raspel hineingeben, flachdrücken und auf jeder Seite etwa 2 Minuten goldbraun braten. Aus dem restlichen Teig auf die gleiche Weise 3 weitere Rösti braten. Die Rösti auf Küchenpapier abtropfen lassen und auf Teller verteilen. Die marinierten Krabben darauf anrichten und die Dillcreme separat dazuservieren.

Garnelen & Co.

Kartoffel-Frühlingsrolle
mit Garnelen und Teriyaki-Creme

Zutaten für 4 Stück:
350 g mehlig kochende Kartoffeln
Salz und Pfeffer aus der Mühle
8 Garnelen (Größe 13/15; geschält, küchenfertig)
2 EL Öl
1 Frühlingszwiebel
1/2 Bund Koriander
2 EL Sesamöl
Öl zum Frittieren
4 Blätter Frühlingsrollenteig (tiefgekühlt; ca. 21 x 21 cm)
1 Eigelb
200 g Crème fraîche
50–70 ml Teriyaki-Sauce

1 Die Kartoffeln schälen, waschen und in Salzwasser etwa 20 Minuten garen. Kartoffeln abgießen, ausdampfen lassen und durch die Kartoffelpresse drücken. Durchgedrückte Kartoffeln mit Salz und Pfeffer würzen.

2 Die Garnelen abbrausen, trocken tupfen, klein schneiden und mit Salz und Pfeffer würzen. Das Öl in einer Pfanne erhitzen. Die Garnelen hineingeben und auf beiden Seiten kurz anbraten. Herausnehmen und auf Küchenpapier abtropfen lassen. Die Frühlingszwiebel putzen, in Ringe schneiden und fein hacken. Die Korianderblätter von den Stielen zupfen und grob schneiden. Die Garnelen mit Frühlingszwiebel, Koriander und Sesamöl zur Kartoffelmasse geben und untermischen.

3 Das Öl in einem großen Topf auf 170 bis 180 °C erhitzen (siehe Seite 15, Schritt 4). Den Frühlingsrollenteig auf der Arbeitsfläche ausbreiten, auftauen lassen und die Kartoffel-Garnelen-Masse darauf verteilen, dabei an den Rändern etwas Platz lassen. Die Seiten nach innen einschlagen und von unten nach oben vorsichtig, aber fest aufrollen. Den oberen Teigrand innen mit Eigelb bestreichen und gut andrücken.

4 Die Frühlingsrollen im Öl etwa 4 Minuten goldbraun frittieren. Mit dem Schaumlöffel herausheben und auf Küchenpapier abtropfen lassen.

5 Die Crème fraîche in einem kleinen Topf erhitzen, bis sie sehr stark dampft. Die Teriyaki-Sauce dazugeben und gut unterrühren. Die Teriyaki-Rahm-Sauce mit den Frühlingsrollen anrichten.

Garnelen & Co.

Spaghetti mit Garnelen und Chili

Zutaten für 4 Personen:
400 g Spaghetti
Salz
2 kleine Chilischoten
1 Knoblauchzehe
20 Cocktailtomaten
20 Garnelen (Größe 16/20; geschält, mit Schwanzfächer; küchenfertig)
Pfeffer aus der Mühle
8 EL Olivenöl
1 Bund Basilikum

1 Die Spaghetti in kochendem Salzwasser nach Packungsanweisung etwa 8 Minuten bissfest kochen.

2 Die Chilischoten putzen und fein hacken. Den Knoblauch schälen und fein hacken. Die Tomaten waschen und halbieren. Die Garnelen abbrausen, trocken tupfen und längs halbieren, mit Salz und Pfeffer würzen und in einer Pfanne in 2 EL heißem Olivenöl anbraten. Chili und Tomaten dazugeben und kurz mitbraten. Die Basilikumblätter abzupfen und grob schneiden.

3 Die Spaghetti in ein Sieb abgießen und sofort mit Chili, Tomaten, Knoblauch, Garnelen und Basilikum in einer Schüssel mischen. Das restliche Öl darüberträufeln und mit Salz und Pfeffer abschmecken. Sofort servieren.

Garnelen & Co.

Crab Spring Roll mit Papaya und Avocadocreme

Zutaten für 4 Personen:
- 1/4 Kopf Rotkohl (etwa 300 g)
- 2 EL Traubenkernöl
- 2 EL Balsamico-Essig
- 2 EL Apfelessig
- 1 EL Zucker
- 1 TL Salz
- 200 g Flusskrebse (ersatzweise Surimi)
- 100 g Lachsfilet (ohne Haut)
- 1/2 Papaya
- 1/2 Bund Petersilie
- 2 EL Mango-Dip (siehe Seite 57)
- 1 EL Hensslers Mayo (siehe Seite 56)
- Pfeffer aus der Mühle
- 1–2 TL Chilipaste
- Öl zum Frittieren
- 4 Blätter Frühlingsrollenteig (tiefgekühlt; ca. 21 x 21 cm)
- 1 Eigelb
- 1 Avocado
- 2 EL Crème fraîche
- Saft von 1/2 Zitrone

1 Den Rotkohl in sehr feine Streifen hobeln. In einer Schüssel mit Traubenkernöl, Balsamico-Essig, Apfelessig, Zucker und Salz mischen. Den Rotkohl zugedeckt etwa 1 Stunde marinieren.

2 Die Flusskrebse abbrausen und trocken tupfen. Das Lachsfilet in kleine Würfel schneiden und mit den Flusskrebsen mischen. Die Papayakerne entfernen, die Papaya schälen und das Fruchtfleisch klein schneiden. Die Petersilie abbrausen, trocken schütteln, die Blätter von den Stielen zupfen und klein schneiden. Petersilienblättchen mit Papaya, Mango-Dip und Mayonnaise zum Fisch geben und mit Salz, Pfeffer und Chilipaste würzen.

3 Das Öl in einem großen Topf auf 170 bis 180 °C erhitzen (siehe Seite 15, Schritt 4). Den Frühlingsrollenteig auf der Arbeitsfläche ausbreiten, auftauen lassen und die Krebs-Fisch-Mischung gleichmäßig darauf verteilen. Die Seiten nach innen einschlagen und von unten nach oben vorsichtig, aber fest aufrollen. Den oberen Teigrand mit Eigelb bestreichen und andrücken. Die Frühlingsrollen im Öl 3 bis 4 Minuten goldbraun frittieren. Mit dem Schaumlöffel herausheben und auf Küchenpapier abtropfen lassen.

4 Die Avocado halbieren, entsteinen und schälen. Das Fruchtfleisch durch ein Sieb streichen und mit der Crème fraîche und Zitronensaft vermengen, mit Salz und Pfeffer abschmecken. Die Frühlingsrollen halbieren, auf Teller stellen und mit dem Rotkohl und der Avocadocreme anrichten.

> Papayas sind Früchte mit zurückhaltendem Aroma und daher ideal für Füllungen. Sie geben ihnen eine schöne Frische, ohne sie zu süß zu machen. Ausgereifte Papayas sind gelblich grün und geben auf leichten Druck nach.

Garnelen & Co.

Glasierter Hummer mit Teriyaki-Spinat

Zutaten für 4 Personen:
2 Hummer (à ca. 600 g; lebend)
Salz
1 kg Spinatblätter
2 Schalotten
5 EL Butter
Togarashi-Pfeffer (Chilipfeffer)
frisch geriebene Muskatnuss
150 ml Teriyaki-Sauce
100 ml Sojasauce
100 ml Mirin (Reiswein)
3 EL Zucker
2 EL Öl
2 Limetten

1 Die Hummer in einen Topf mit kochendem Salzwasser geben und 2 bis 3 Minuten kochen lassen. Die Hummer abgießen und kalt abschrecken. Die Scheren abziehen und am Gelenk aufbrechen. Das Fleisch in den vorderen, großen Scherenhälften belassen, die hinteren entfernen. Den Korpus mit einem scharfen Messer längs halbieren. Innereien und Darm entfernen und das Fleisch abwaschen.
2 Den Spinat verlesen und waschen. Die Blätter in kochendem Salzwasser etwa 10 Sekunden blanchieren, in ein Sieb abgießen und kalt abschrecken. Spinat ausdrücken und klein schneiden.
3 Die Schalotten schälen und in feine Würfel schneiden. In einem Topf 3 EL Butter erhitzen und leicht bräunen. Die Schalotten hinzufügen und kurz andünsten. Den Spinat dazugeben und mit Salz, Togarashi-Pfeffer und Muskatnuss würzen. Die Teriyaki-Sauce dazugießen und untermischen. Den Spinat warmstellen.
4 Die Sojasauce mit Mirin, 50 ml Wasser und Zucker in einem kleinen Topf kochen, bis sich der Zucker aufgelöst hat. Das Öl in einer Pfanne erhitzen und den Hummer darin auf der Schalenseite 1 bis 2 Minuten anbraten, dann wenden und die Scheren dazugeben. Hummer mit Scheren weitere 1 bis 2 Minuten braten. Die restliche Butter und den Soja-Mirin-Fond dazugeben und den Hummer darin schwenken.
5 Die Hummerhälften mit den Scheren auf Teller verteilen und mit der Sauce beträufeln. Den Spinat darauf anrichten und über jede Hummerhälfte den Saft von 1/2 Limette träufeln.

Garnelen & Co.

Gegrillter Hummer mit Currysauce

Zutaten für 4 Personen:
2 Hummer (à ca. 600 g; lebend)
Salz
3 Zwiebeln
100 g Butter
1 EL Zucker
100 ml weißer Portwein
500 ml Gemüsebrühe
200 g Äpfel
1 Orange
250 g Sahne
100 ml Kokosmilch
1 EL Currypulver
1 EL gelbe Currypaste
Pfeffer aus der Mühle
1 EL Öl
4 Rosmarinzweige
Öl zum Frittieren
4 Stangen grüner Spargel
4 Babymaiskolben
150 ml Tempura-Mischung

1   Die Hummer in einen Topf mit kochendem Salzwasser geben und 2 bis 3 Minuten kochen lassen. Die Hummer abgießen und kalt abschrecken. Die Scheren abziehen und am Gelenk aufbrechen. Das Fleisch in den vorderen, großen Scherenhälften belassen, die hinteren entfernen. Den Korpus mit einem scharfen Messer längs halbieren. Innereien und Darm entfernen und das Fleisch waschen.
2   Die Zwiebeln schälen und in kleine Würfel schneiden. Die Butter in einem Topf erhitzen und die Zwiebeln darin andünsten. Den Zucker dazugeben und mit dem Portwein ablöschen. Die Brühe hinzufügen und etwa 5 Minuten köcheln lassen.
3   Die Äpfel waschen, vierteln, die Kerngehäuse entfernen und das Fruchtfleisch klein schneiden. Die Orange mit einem Messer so schälen, dass auch die weiße Haut mit entfernt wird. Die Filets aus den Trennhäuten lösen und klein schneiden. Apfel- und Orangenstücke in die Brühe geben und 3 bis 4 Minuten mitköcheln lassen.
4   Die Sahne und die Kokosmilch dazugießen, Currypulver und Currypaste unterrühren und aufkochen lassen. Die Currysauce mit dem Stabmixer pürieren und durch ein Sieb streichen. Die Sauce mit Salz und Pfeffer abschmecken.
5   Die Hummerhälften und die Hummerscheren mit Öl bestreichen und mit Salz und Pfeffer würzen. Je 1 Rosmarinzweig zwischen Hummerfleisch und -schale schieben. Das Öl in einem großen Topf auf 170 bis 180 °C erhitzen (siehe Seite 15, Schritt 4).
6   Den Spargel waschen, die holzigen Enden abbrechen. Die Maiskolben waschen. Das Tempura-Mischung mit 150 ml Wasser anrühren (siehe Seite 15). Das Gemüse in den Tempura-Teig tauchen, kurz abtropfen lassen und in das Öl geben. Das Gemüse goldbraun frittieren, mit einem Schaumlöffel herausheben und auf Küchenpapier abtropfen lassen.
7   Die Hummerhälften mit der Schalenseite auf den Grillrost oder in eine Grillpfanne legen und 2 bis 3 Minuten grillen. Die Hälften wenden und weitere 2 bis 3 Minuten grillen. Die Hummerhälften mit Gemüse-Tempura auf Teller verteilen. Die Currysauce mit dem Stabmixer aufschäumen, auf dem Tempura und neben den Hummern verteilen.

Garnelen & Co.

Hummer-Ravioli mit knusprigem Gemüse

Zutaten für 4 Personen:
- 2 Eier
- 2 Eigelbe
- Salz
- 260 g Mehl
- 250 g mehlig kochende Kartoffeln
- 1 Hummer (ca. 500 g; lebend)
- 1 Bund Koriander
- 4 EL Butter
- Pfeffer aus der Mühle
- Öl zum Frittieren
- 1 Karotte
- 1/2 Sellerieknolle
- 1 Stange Lauch

> Hummer gibt es lebend, gegart oder tiefgekühlt zu kaufen. Tiefgekühlter Hummer ist bereits gegart.

1 Die Eier, 1 Eigelb und 1 Prise Salz verrühren. Das Mehl dazugeben und zu einem geschmeidigen Teig kneten. Den Teig zugedeckt etwa 1 Stunde ruhen lassen.

2 Die Kartoffeln schälen, waschen und in Salzwasser etwa 20 Minuten garen. Die Kartoffeln abgießen, etwas ausdampfen lassen und durch die Kartoffelpresse in eine Schüssel drücken.

3 Den Hummer in einen Topf mit kochendem Salzwasser geben und 2 bis 3 Minuten kochen lassen. Den Hummer abgießen und kalt abschrecken. Die Scheren abziehen und am Gelenk aufbrechen. Das Fleisch aus den vorderen, großen Scherenhälften auslösen. Den Korpus mit einem scharfen Messer längs halbieren. Innereien und Darm entfernen und das Fleisch abwaschen.

4 Das Schwanzfleisch herauslösen, mit dem Scherenfleisch klein schneiden und mit der noch warmen Kartoffelmasse mischen. Die Korianderblätter abzupfen, grob schneiden und mit 1 EL Butter unter die Kartoffelmasse mischen. Salzen und pfeffern.

5 Den Nudelteig vierteln und jedes Viertel mit der Nudelmaschine oder dem Nudelholz zu einer langen Bahn von etwa 15 cm Seitenlänge dünn ausrollen. Kleine Häufchen von der Kartoffel-Hummer-Masse auf zwei Teigbahnen im Abstand von 6 cm setzen. Die Zwischenräume mit dem restlichen Eigelb bestreichen. Jeweils 1 Teigbahn darüberlegen und mit den Fingern zwischen der Hummermasse andrücken. Mit einem Ausstecher Ravioli ausstechen und die Ränder gut festdrücken.

6 Das Öl in einem großen Topf auf 170 bis 180 °C erhitzen (siehe Seite 15, Schritt 4). Die Karotte und den Sellerie schälen. Den Lauch putzen und waschen. Karotte, Sellerie und Lauch in dünne Stifte schneiden.

7 Die Ravioli in einen Topf mit kochendem Salzwasser geben, die Hitze reduzieren und die Teigtaschen etwa 4 Minuten ziehen lassen. Die Ravioli mit dem Schaumlöffel herausheben und gut abtropfen lassen.

8 Die restliche Butter in einer Pfanne erhitzen und leicht bräunen. Die Ravioli in die Butter geben und von beiden Seiten anbraten. Die Gemüsestifte mischen, in das Öl geben und kurz frittieren. Ravioli mit der Butter und den Gemüsestiften anrichten.

Gemüse-Carpaccio
mit Jakobsmuscheln und Parmesan

Zutaten für 4 Personen:
- 1 Karotte
- 1/2 Sellerieknolle
- Salz
- 1 Zucchino
- 1/2 Salatgurke
- 1 gegarte Rote Bete (vakuumverpackt)
- Pfeffer aus der Mühle
- ca. 150 ml Steffens Dressing (siehe Seite 58)
- 1 Zitrone
- 8 Jakobsmuscheln
- 2 EL Öl
- 1 EL Butter
- 50 g Parmesan

1 Die Karotte und die Sellerieknolle schälen. In kochendem Salzwasser etwa 3 Minuten blanchieren, kalt abschrecken. Den Zucchino und die Gurke waschen. Alle Gemüsesorten in dünne Scheiben schneiden und auf Tellern anrichten. Mit Salz und Pfeffer würzen und das Dressing darüberträufeln. Die Zitrone halbieren und den Saft ebenfalls über das Gemüse träufeln.

2 Die Muscheln mit einem spitzen, stabilen Messer entlang der flachen Seite auftrennen, öffnen und das Muschelfleisch herauslösen. Den Rogen vom Muschelfleisch abziehen und entfernen.

3 Das Muschelfleisch mit Salz und Pfeffer würzen. Das Öl in einer Pfanne erhitzen und das Muschelfleisch darin unter Wenden etwa 3 Minuten braten. Am Ende der Bratzeit die Butter dazugeben und die Muscheln darin schwenken.

4 Die Muscheln und etwas Bratensaft auf dem Gemüse-Carpaccio verteilen. Den Parmesan grob über das Carpaccio reiben.

> Die Schalen der Jakobsmuscheln sollten beim Kauf möglichst ganz geschlossen sein. Je weiter sie geöffnet sind, desto älter sind sie. Ist im Fischgeschäft um die Muscheln ein Gummiband gewickelt, lassen Sie es aufschneiden.

Fleisch

Fleisch

Maishähnchen im Bratschlauch mit Couscous

Zutaten für 4 Personen:
2 Maishähnchen
(à 1,2 bis 1,4 kg)
Salz und Pfeffer aus der Mühle
80 g gelbe Currypaste
40 g Currypulver
100 ml Öl
2 Zucchini
2 Karotten
2 rote Paprikaschoten
3 Knoblauchzehen
100 g Ingwer
4 Stängel Zitronengras
10 Kaffir-Limettenblätter
1 Schalotte
3 EL Olivenöl
300 g Couscous (Instant)
je 1 Rosmarin- und
Thymianzweig
450 ml Gemüsebrühe

1 Den Backofen auf 200 °C vorheizen. Die Hähnchen innen und außen waschen, trocken tupfen und mit Salz und Pfeffer würzen. Die Currypaste mit dem Currypulver und dem Öl verrühren. Die Hähnchen mit der Curry-Öl-Mischung kräftig einreiben.

2 Die Zucchini putzen, die Karotten schälen und beides klein schneiden. Die Paprikaschoten putzen, halbieren, entkernen, waschen und klein schneiden. 2 Knoblauchzehen und den Ingwer ebenfalls schälen und klein schneiden. Das Zitronengras in dünne Ringe schneiden.

3 Zwei Bratschläuche vorbereiten, das Gemüse, Knoblauch, Ingwer, Zitronengras und Limettenblätter darauf verteilen. Je 1 Maishähnchen und 200 ml Wasser dazugeben und die Bratschläuche fest verschließen. Die Hähnchen im Ofen (Mitte) etwa 45 Minuten garen.

4 Die Schalotte und den restlichen Knoblauch schälen und fein hacken. Schalotte und Knoblauch in einer Pfanne in 1 EL heißem Öl glasig dünsten. Den Couscous dazugeben und kurz darin anschwitzen. Die Kräuter dazugeben und mit der Brühe auffüllen, einmal aufkochen und etwa 5 Minuten ziehen lassen.

5 Den Couscous mit einer Gabel auflockern und mit dem restlichen Olivenöl, Salz und Pfeffer abschmecken. Die Maishähnchen herausnehmen, den Bratschlauch öffnen und die Hähnchen mit dem Gemüse und dem Couscous servieren.

> Currypaste gibt es in Rot, Gelb und Grün. Ich nehme am liebsten die gelbe. Falls die Paste zu dick ist, mit etwas Öl verrühren.

Fleisch

Perlhuhn mit Pesto-Kruste
und Artischockengemüse

Zutaten für 4 Personen:
4 Perlhuhnbrüste (à ca. 150 g)
Salz und Pfeffer aus der Mühle
3–4 EL Öl
1 Bund Basilikum
1/2 Knoblauchzehe
ca. 100 ml Olivenöl
1–2 EL Panko
(asiat. Paniermehl)
4 Tomaten
1/2 Bund Petersilie
4 Artischockenböden
4 Thymianzweige
2 EL Butter
2 unbehandelte Zitronen

1 Die Perlhuhnbrüste waschen, trocken tupfen und mit Salz und Pfeffer würzen. 2 EL Öl in einer Pfanne erhitzen und die Perlhuhnbrüste darin auf beiden Seiten anbraten und auf ein Backblech legen. Den Backofen auf 200 °C vorheizen.

2 Die Basilikumblätter von den Stielen zupfen, den Knoblauch schälen. Basilikum, Knoblauch und Olivenöl mit dem Stabmixer pürieren und mit Salz und Pfeffer abschmecken. In einer Schüssel mit Panko zu einer dicken Masse verrühren. Die Perlhuhnbrüste mit dem Pesto bestreichen und im Ofen (Mitte) etwa 10 Minuten gratinieren.

3 Die Tomaten kreuzweise einritzen, 10 Sekunden in kochend heißes Wasser legen. Herausnehmen und kalt abschrecken. Häuten, vierteln und die Kerne entfernen, dabei die Stielansätze entfernen. Das Tomatenfruchtfleisch in kleine Würfel schneiden. Petersilie waschen und trocken schütteln. Die Blätter von den Stielen zupfen und klein hacken.

4 Die Artischockenböden achteln. Das restliche Öl in einer Pfanne erhitzen und die Artischocken darin leicht braun braten. Tomatenwürfel, Thymian, Petersilie und die Butter dazugeben und das Gemüse mit Salz und Pfeffer würzen. Das Tomaten-Artischocken-Gemüse etwa 1 Minute köcheln lassen. Die Zitronen heiß waschen, trocken reiben und in Hälften oder Scheiben schneiden. Das Gemüse auf Teller verteilen, die Perlhuhnbrüste darauf anrichten und mit Zitronenhälften oder -scheiben servieren. Die Perlhuhnbrüste nach Belieben mit Panko bestreuen.

Teriyaki-Hähnchen mit Sesamkartoffeln

Zutaten für 4 Personen:
- 2 Hähnchen (à ca. 1 kg)
- Salz und Pfeffer aus der Mühle
- Öl zum Frittieren
- 2 Eier
- 6 EL Mehl
- 50 g Panko (asiat. Paniermehl)
- 5 EL Öl
- 2 Rosmarinzweige
- 150 ml Teriyaki-Sauce
- 1/2 kleine Salatgurke
- 50 g Crème fraîche
- Saft von 1/2 Zitrone
- 300 g festkochende Kartoffeln
- 1 EL Butter
- 1/2 Bund Petersilie
- 2 EL geröstete Sesamsamen
- 4 EL Barbecue-Mayonnaise (siehe Seite 56)

1 Die Hähnchen waschen, trocken tupfen und zerteilen. Die Hähnchenkeulen in leicht gesalzenem Wasser 40 bis 45 Minuten garen. Die Keulen herausnehmen und die unteren Knochen entfernen, die oberen dranlassen. Das Hähnchenfleisch mit Salz und Pfeffer würzen.

2 Reichlich Öl in einer tiefen Pfanne oder einem Topf erhitzen. Die Eier in einem tiefen Teller verquirlen. Die Hähnchenkeulen im Mehl wenden, durch die Eier ziehen und zuletzt mit Panko panieren. Die Hähnchenkeulen im heißen Öl 3 bis 4 Minuten goldbraun frittieren.

3 Die Hähnchenbrüste mit dem Fleischklopfer etwa 1 cm dick flachklopfen und mit Salz und Pfeffer würzen. Die Hähnchenbrüste zuerst im Mehl wenden, dann durch die Eier ziehen und mit Panko panieren. In einer zweiten Pfanne 3 EL Öl erhitzen und die Hähnchenbrüste darin auf beiden Seiten etwa 1 1/2 Minuten anbraten. Die Rosmarinnadeln von den Stielen zupfen und in die Pfanne geben. Die Hähnchenbrüste mit Teriyaki-Sauce ablöschen und aus der Pfanne nehmen.

4 Die Gurke schälen, längs halbieren, entkernen und klein schneiden. Gurkenstücke mit dem Stabmixer grob mixen und die Crème fraîche unterrühren. Die Gurkencreme mit Zitronensaft, Salz und Pfeffer abschmecken.

5 Die Kartoffeln schälen und in 1/2 cm große Würfel schneiden. Kartoffelwürfel in kochendem Salzwasser 1 Minute blanchieren. Kalt abschrecken und auf Küchenpapier abtropfen lassen.

6 Das restliche Öl in einer Pfanne erhitzen und die Kartoffeln darin knusprig braten, mit Salz und Pfeffer würzen. Die Butter unterrühren. Die Petersilie waschen, trocken schütteln und die Blätter von den Stielen zupfen. Grob hacken und mit dem Sesam über die Kartoffeln streuen. Die Kartoffeln kurz durchschwenken und mit dem Teriyaki-Hähnchen anrichten. Mit Barbecue-Mayonnaise und Gurken-Dip servieren.

Fleisch

Deutsche Ente „Peking Art"

Zutaten für 4 Personen:
1 Ente (1,8–2 kg)
2 Zwiebeln
Salz und Pfeffer aus der Mühle
225 g Mehl
1 TL Sesamöl
1 EL Öl
1 Salatgurke
1 Stange Lauch
1 Glas Pflaumensauce

1 Den Backofen auf 200 °C vorheizen. Die Ente waschen und trocken tupfen. Die Zwiebeln schälen und vierteln. Die Ente mit den Zwiebeln füllen und mit Salz und Pfeffer würzen. Die Ente in einen Bräter geben, etwas Wasser dazugießen und im Ofen (Mitte) 80 bis 90 Minuten garen.

2 Das Mehl mit 450 ml Wasser und dem Sesamöl mischen, 1 Prise Salz dazugeben und glatt rühren. Den Teig 30 Minuten ruhen lassen.

3 Eine Pfanne mit Öl auspinseln und erhitzen. Aus dem Teig darin portionsweise 16 dünne Crêpes backen. Die Gurke und den Lauch putzen, waschen und in dünne Streifen schneiden.

4 Das Entenfleisch auslösen und ebenfalls in dünne Streifen schneiden. Die Crêpes mit Gurke, Lauch und Entenfleisch füllen. Die Pflaumensauce dazuservieren.

> Pflaumensauce gibt's im Glas. Mit etwas Wasser verdünnt und mit 1 Prise Zucker abgeschmeckt, wird sie etwas milder. Pflaumensauce passt zu Ente, aber auch zu Schnitzel.

Marinierte Lammkoteletts
mit scharfem Kartoffelgratin und Asia-Minzsauce

Zutaten für 4 Personen:

Lammkoteletts
200 ml Mirin (süßer Reiswein)
200 ml Sake (Reiswein)
300 ml Sojasauce
1 Zwiebel
3 Knoblauchzehen
800 g Lammkarree

Kartoffelgratin
850 g Kartoffeln
1/2 rote Chilischote
1/2 Knoblauchzehe
400 g Sahne
1/2 TL Togarashi-Pfeffer
(Chilipfeffer)
Salz und Pfeffer aus der Mühle

Minzsauce
1 Bund Minze
1 Bund Petersilie
1 Bund Koriander
150 ml milder Essig
300 ml Traubenkernöl
Salz und Pfeffer aus der Mühle
2 EL Sesamöl
1/2 TL Zucker

1 Für die Lammkoteletts Mirin und Sake in einem Topf einmal aufkochen und abkühlen lassen. Die Sojasauce dazugießen. Die Zwiebel und den Knoblauch schälen und fein hacken. Zur Mirin-Sojasauce geben und mit dem Stabmixer kurz aufschlagen. Das Lammkarree waschen, trocken tupfen und in einzelne Koteletts schneiden. Die Sauce darübergießen und die Koteletts etwa 1 Stunde marinieren lassen.

2 Für das Gratin den Backofen auf 140 °C vorheizen. Die Kartoffeln schälen, waschen und in dünne Scheiben hobeln. Die Chilischote putzen und fein hacken. Den Knoblauch schälen und ebenfalls fein hacken. Chili und Knoblauch mit der Sahne und dem Togarashi-Pfeffer verrühren. Mit Salz und Pfeffer abschmecken. Die Kartoffeln in einer ofenfesten Form verteilen, die Sahne darübergießen und alles vermischen. Im Ofen (Mitte) etwa 40 Minuten garen.

3 Für die Sauce alle Kräuterblättchen von den Stielen zupfen. Die Kräuter und den Essig mit dem Stabmixer zerkleinern, nach und nach das Öl dazugeben. Mit Salz, Pfeffer, Sesamöl und Zucker abschmecken.

4 Das Fleisch aus der Marinade nehmen und mit Salz und Pfeffer würzen. Auf dem Grill oder in der Grillpfanne auf beiden Seiten etwa 5 Minuten fertig garen. Lammkoteletts und Kartoffelgratin mit der Asia-Minzsauce servieren.

Fleisch

Geschmorte Lammhaxe
mit Zitronenthymian und Kartoffel-Wasabi-Püree

Zutaten für 4 Personen:

Lammhaxe
4 Lammhaxen (à 300 g)
Salz und Pfeffer aus der Mühle
5–6 EL Mehl
2 EL Öl
400 g Zwiebeln
1 Karotte
100 g Knollensellerie
2 EL Tomatenmark
je 10 weiße und schwarze Pfefferkörner
4 Lorbeerblätter
je 120 ml weißer Portwein und Madeira
1/2 Knoblauchknolle
2 Rosmarinzweige
4 Zitronenthymianzweige
1 l Rotwein
125 g Butter
2–3 EL Speisestärke

Kartoffelpüree
700 g mehlig kochende Kartoffeln
Salz
250 ml Milch
100 g Butter
1–2 TL Wasabi aus der Tube (japan. Meerrettich)
Pfeffer aus der Mühle

1 Die Lammhaxen waschen, trocken tupfen und mit Salz und Pfeffer würzen und im Mehl wenden. Das Öl in einem Bräter erhitzen und die Lammhaxen darin rundherum knusprig braten. Die Haxen herausnehmen.

2 Die Zwiebeln, die Karotte und den Sellerie schälen und klein schneiden. Gemüse in den Bräter geben und anrösten. Das Tomatenmark, die Pfefferkörner und die Lorbeerblätter dazugeben und das Tomatenmark kräftig durchrösten.

3 Das Gemüse mit dem Portwein und dem Madeira ablöschen, Knoblauch, Rosmarin und Zitronenthymian dazugeben und alles richtig einkochen lassen. Mit 500 ml Rotwein ablöschen und erneut einkochen lassen. Die Haxen in den Bräter legen, den restlichen Rotwein und 1 l Wasser dazugießen. Alles einmal aufkochen und etwa 2 Stunden bei kleiner Hitze garen lassen.

4 Für das Püree die Kartoffeln schälen, waschen und in Salzwasser etwa 20 Minuten garen. Die Kartoffeln abgießen, ausdampfen lassen und durch die Kartoffelpresse drücken. Die Milch erwärmen und die Butter darin schmelzen. Die Butter-Milch-Mischung unter die Kartoffeln rühren. Das Kartoffelpüree mit Wasabi, Salz und Pfeffer abschmecken.

5 Die Haxen aus dem Bräter nehmen und auf ein Backblech legen. Die Sauce durch ein Sieb streichen. 200 ml Flüssigkeit abmessen und mit der Butter in einem Topf erhitzen, bis sie flüssig ist. Den Backofen auf 200 °C (Oberhitze) vorheizen. Die Haxen mit der Buttermischung bestreichen und etwa 10 Minuten im Ofen glasieren, dabei immer wieder mit der Buttermischung bestreichen.

6 Die restliche Sauce erhitzen. Die Speisestärke mit kaltem Wasser glatt rühren und in die Buttersauce rühren. Die Sauce einmal aufkochen lassen, mit Salz und Pfeffer abschmecken und zu den Lammhaxen und dem Kartoffel-Wasabi-Püree servieren.

Fleisch

Wiener Schnitzel mit asiatischem Kartoffelsalat

Zutaten für 4 Personen:

Kartoffelsalat
1/2 Salatgurke
1 kleine Zwiebel
Salz
1 Karotte
500 g festkochende Kartoffeln
1/2 Bund Koriander
2 Kästchen Shiso-Kresse
(ersatzweise Gartenkresse)
2 EL Sesamsamen
1 EL Sesamöl
1 EL Sojasauce
1 TL Chilisauce
ca. 8 EL Hensslers Mayo
(siehe Seite 56)

Schnitzel
4 Schnitzel vom Kalbsrücken
oder Oberschale (à ca. 120 g)
Salz und Pfeffer aus der Mühle
200 g Mehl
200 g Panko (asiat. Paniermehl)
2 Eier
300 ml Öl
2 EL Butter

1 Für den Salat die Gurke schälen, der Länge nach vierteln, entkernen und schräg in dünne Scheiben schneiden. Die Zwiebel schälen und in dünne Scheiben schneiden. Gurke und Zwiebel mit 1 TL Salz bestreuen und marinieren lassen.

2 Die Karotte schälen, halbieren und in dünne Scheiben schneiden. In kochendem Salzwasser 30 Sekunden blanchieren. Herausnehmen und kalt abschrecken. Beiseite stellen. Kartoffeln ebenfalls schälen, waschen und in Würfel schneiden. Kartoffeln blanchieren, sodass sie noch Biss haben.

3 Gurke, Zwiebel, Karotte und Kartoffeln mischen. Korianderblätter von den Stielen zupfen und grob hacken. Die Kresse vom Beet schneiden und beides zum Salat geben. Sesamsamen, Sesamöl, Sojasauce und Chilisauce unterrühren. Zum Schluss die Mayonnaise unterheben. Mit Salz und Pfeffer abschmecken.

4 Die Schnitzel auf beiden Seiten flachklopfen, mit Salz und Pfeffer würzen. Mehl und Panko jeweils auf einen Teller geben. Die Eier in einer flachen Schüssel verquirlen. Die Schnitzel zuerst von beiden Seiten im Mehl wenden, dann durch die Eier ziehen und zum Schluss mit Panko panieren. Das Öl in einer Pfanne erhitzen und die Schnitzel darin auf beiden Seiten goldbraun braten. Kurz bevor sie fertig sind, die Butter in die Pfanne geben und die Schnitzel darin schwenken. Nach Belieben mit Zitronenscheiben anrichten und den Kartoffelsalat dazuservieren.

Fleisch

Kalbsrücken mit Miso-Senf-Kruste

Zutaten für 4 Personen:
600 g mehlig kochende Kartoffeln
Salz und Pfeffer aus der Mühle
1 Frühlingszwiebel
1 Chilischote
1 EL Butter
4 Stücke vom Kalbsrücken oder 4 Kalbskoteletts (à 200 g)
4 EL Öl
150 ml Miso-Sauce (siehe Seite 78, ohne Chili und Togarashi-Pfeffer)
50 g Dijon-Senf
60 g Panko (asiat. Paniermehl)
4 Blätter Frühlingsrollenteig (aufgetaut; ca. 21 x 21 cm)
1 Eigelb
Öl zum Frittieren

1 Die Kartoffeln schälen, waschen und in Salzwasser etwa 20 Minuten garen. Kartoffeln abgießen, ausdampfen lassen und durch die Kartoffelpresse drücken. Durchgedrückte Kartoffeln mit Salz und Pfeffer würzen. Die Frühlingszwiebel putzen und klein schneiden. Die Chilischote putzen und fein hacken. Frühlingszwiebel und Chili mit der Butter unter die Kartoffeln mischen.
2 Den Backofen auf 200 °C vorheizen. Das Fleisch mit Salz und Pfeffer würzen. Das Öl in einer Pfanne erhitzen und das Fleisch darin auf beiden Seiten etwa 2 Minuten anbraten und auf ein Backblech legen. Die Miso-Sauce und den Senf verrühren, Panko untermischen. Die Miso-Senf-Mischung auf dem Fleisch verteilen und im Ofen (Mitte) etwa 10 Minuten gratinieren.
3 Kartoffelmus auf die Frühlingsrollenblätter verteilen und zu 4 Frühlingsrollen formen. Den oberen Rand mit Eigelb bestreichen und festdrücken. Reichlich Öl in einem Topf auf 170 °C erhitzen (siehe Seite 15, Schritt 4) und die Frühlingsrollen darin etwa 4 Minuten frittieren. Die Frühlingsrollen zum Kalbsrücken servieren. Nach Belieben einen gemischten Salat dazureichen.

Fleisch

Tatar von Rinderfilet mit Wasabi-Béarnaise

Zutaten für 4 Personen:
320 g Rinderfilet
2 Schalotten
1 EL Traubenkernöl
4 Eigelb
1 EL Sojasauce
1 EL Maggi
1 EL Worcestersauce
Salz und Pfeffer aus der Mühle
etwas Zitronensaft
3 Estragonstiele
100 ml Weißwein
5 weiße Pfefferkörner
1 Lorbeerblatt
2 TL Wasabi aus der Tube
(japan. Meerrettich)
130 g Butter

1 Das Rinderfilet in kleine Würfel schneiden. Die Schalotten schälen und in feine Würfel schneiden. Fleisch und Schalotten in einer Schüssel mischen. Traubenkernöl, 2 Eigelb, Sojasauce, Maggi, Worcestersauce, Salz, Pfeffer und einen Spritzer Zitronensaft unter das Tatar rühren.

2 Die Estragonblätter von den Stielen zupfen und klein schneiden. Stiele beiseite legen. Weißwein in einem Topf mit den Pfefferkörnern, den Estragonstielen und dem Lorbeerblatt aufkochen und auf ein Drittel einkochen lassen. Die Stiele entfernen. Den Weinsud abkühlen lassen und den Wasabi unterrühren.

3 Die Butter in einem Topf erhitzen und mit dem Schaumlöffel die oben schwimmende Molke so lange abschöpfen, bis die Butter geklärt ist.

4 Den Weinsud im Wasserbad mit 2 Eigelb aufschlagen und unter ständigem Rühren nach und nach die flüssige Butter dazugießen. Die Estragonblättchen in die Buttersauce geben und unterrühren. Mit Salz und Pfeffer abschmecken. Das Rindertatar mit der Wasabi-Béarnaise servieren.

> Schalotten haben einen feineren Geschmack als Zwiebeln. Ich nehme sie für Tatar, Marinaden und Salate. Für Suppen und Saucen verwende ich normale Zwiebeln.

Fleisch

Tafelspitz mit Kartoffelkruste und Schmortomaten

Zutaten für 4 Personen:
- 1 Zwiebel
- 1 Lorbeerblatt
- 2 Gewürznelken
- 1 Bund Suppengemüse
- je 10 schwarze und weiße Pfefferkörner
- Salz
- 800 g Rindertafelspitz
- 160 g mehlig kochende Kartoffeln
- 100 g ungeschälter Meerrettich
- Pfeffer aus der Mühle
- 150 ml Öl
- 24 Cocktailtomaten
- 2 Schalotten
- 4 EL Butter
- 1 Bund krause Petersilie
- 1 Chilischote

1 Einen Topf mit 2 l Wasser zum Kochen bringen. Die Zwiebel schälen und mit dem Lorbeerblatt und den Nelken spicken. Das Suppengemüse waschen und klein schneiden. Gemüse, Pfefferkörner, 2 TL Salz, Zwiebel und Fleisch in das kochende Wasser geben und etwa 3 Minuten sprudelnd kochen lassen. Mit dem Schaumlöffel den Schaum abschöpfen und alles etwa 2 Stunden sieden lassen.

2 Den Tafelspitz herausnehmen, abkühlen lassen und in Scheiben schneiden. Die Kartoffeln schälen, waschen und mit der groben Seite der Küchenreibe raspeln. Den Meerrettich schälen, fein reiben und mit den Kartoffelraspeln mischen. Mit Salz und Pfeffer würzen und die Raspel auf den Fleischscheiben verteilen.

3 Das Öl in einer Pfanne erhitzen und das Fleisch darin anbraten, kurz wenden, dann wieder umdrehen und so lange braten, bis die Kartoffelseite schön braun ist.

4 Die Tomaten waschen, vierteln und die Stielansätze herausschneiden. Die Schalotten schälen und in feine Würfel schneiden. Die Butter in einem Topf erhitzen, Tomaten und Schalotten darin andünsten und bei kleiner Hitze etwa 5 Minuten köcheln lassen. Die Petersilie waschen, trocken schütteln und die Blätter von den Stielen zupfen. Chilischote putzen und mit der Petersilie hacken. Beides unter die Tomaten rühren. Den Tafelspitz in tiefen Tellern anrichten, etwas Kochfond dazugeben und die Schmortomaten dazuservieren.

Fleisch

Entrecôte „Black Rare" mit Teriyaki-Pilzen

Zutaten für 4 Personen:
1/2 Salatgurke
1 Knoblauchzehe
Salz
100 g Naturjoghurt
1 EL Crème fraîche
1 EL Obstessig
1 EL Olivenöl
Pfeffer aus der Mühle
320 g Shiitake-Pilze
4 Zwiebeln
3–4 EL Öl
200 ml Teriyaki-Sauce
4 Entrecôtes (à 250–280 g)
8 EL grob gemahlener schwarzer Pfeffer

1 Die Gurke waschen und den Knoblauch schälen. Gurke und Knoblauch auf der Küchenreibe fein reiben. Beides mit etwas Salz bestreuen und etwa 20 Minuten ziehen lassen. Gurke und Knoblauch in ein Sieb geben und gut ausdrücken. Joghurt, Crème fraîche, Essig und Olivenöl untermischen und mit Salz und Pfeffer abschmecken.

2 Die Pilze putzen, trocken abreiben und halbieren. Die Zwiebeln schälen und in dünne Scheiben schneiden. 2 bis 3 EL Öl in einer Pfanne erhitzen und Pilze und Zwiebeln darin anbraten, mit Salz und Pfeffer würzen und nach etwa 1 Minute mit der Teriyaki-Sauce ablöschen.

3 Die Entrecôtes mit Salz würzen und von beiden Seiten mit dem groben Pfeffer einreiben. 1 EL Öl in einer Grillpfanne erhitzen und die Entrecôtes darin auf beiden Seiten etwa 3 Minuten grillen, dabei immer wieder wenden. Das Fleisch kurz ruhen lassen und in dünne Scheiben schneiden. Die Entrecôtes mit den Teriyaki-Pilzen und dem Gurkenjoghurt servieren.

Nachtisch

Schnell muss es gehen und möglichst einfach sollte es sein: Das ist auch die Dessert-Philosophie von Steffen Henssler. Süß oder sauer, wie ihr's wollt. Frühlingsrolle von Mango mit Schokosauce: süß. Geschabtes Capri-Eis: sauer. Hensslers ganzer Stolz ist seine Crème brûlée: so schnell zu machen wie keine andere. Warum? Ganz einfach. Sie wird kalt gemacht.

Nachtisch

Crème brûlée mit grünem Tee und roter Grütze

Zutaten für 4 Personen:
500 g tiefgekühlte Beeren
180 g Zucker · ½ Vanilleschote
1 Zimtstange · 1 TL Speisestärke
400 ml Milch
1 TL loser grüner Tee
(gemahlen) · 1 Ei · 4 Eigelb
100 g brauner Zucker

1 Am Vortag für die rote Grütze die Beeren, z. B. Himbeeren, Heidelbeeren, Rote und Schwarze Johannisbeeren (keine Erdbeeren), mit 100 g Zucker bestreuen und die Früchte zugedeckt bei Zimmertemperatur über Nacht ziehen lassen.

2 Die Früchte in ein Sieb gießen, dabei den Saft in einem Topf auffangen. Vanille und Zimt in den Topf geben und den Saft aufkochen lassen. Stärke mit kaltem Wasser glatt rühren und unter den Saft rühren. Alles nochmals aufkochen lassen, bis der Saft dicklich wird. Über die Beeren gießen, ziehen lassen.

3 Für die Crème brûlée die Milch mit dem restlichen Zucker und dem grünen Tee in einem Topf aufkochen und kurz abkühlen lassen. Das Ei und die Eigelbe mit dem Stabmixer unterrühren. Durch ein feines Sieb streichen und den Schaum abschöpfen.

4 Die Eiermilch auf vier ofenfeste Portionsförmchen verteilen und im auf 95 °C vorgeheizten Backofen (Mitte) etwa 80 Minuten stocken lassen. Die Creme herausnehmen, abkühlen lassen und zugedeckt 2 bis 3 Stunden kühlstellen.

5 Vor dem Servieren eine dünne Schicht braunen Zucker auf die Creme streuen und mit dem Bunsenbrenner abflämmen oder unter dem heißen Backofengrill karamellisieren. Die Crème brûlée mit der roten Grütze servieren.

Die schnellste Crème brûlée Hamburgs

Zutaten für 4 Personen:
1 Vanilleschote
200 g Crème fraîche
75 g Sahne
4 Eigelb
60 g Zucker
80 g brauner Zucker

1 Die Vanilleschote der Länge nach aufschneiden und das Mark herauskratzen. Das Vanillemark und die -schote mit der Crème fraîche und der Sahne in einem Topf aufkochen.

2 Die Eigelbe und den Zucker in einer Schüssel verrühren. Die heiße Vanillesahne unter Rühren auf die Eier gießen und alles wieder in den Topf geben. Die Eiercreme unter ständigem Rühren einmal aufkochen lassen. Durch ein feines Sieb streichen und auf vier ofenfeste Portionsförmchen verteilen. Die Creme zugedeckt 1 bis 2 Stunden kühlstellen.

3 Vor dem Servieren eine dünne Schicht braunen Zucker auf die Creme streuen und mit dem Bunsenbrenner abflämmen oder unter dem heißen Backofengrill karamellisieren. Mit roter Grütze (siehe oben) servieren.

Nachtisch

Pfirsich in Pergament

Zutaten für 4 Personen:

- 100 g Ingwer
- 1 Vanilleschote
- 2 Zimtstangen
- 4 ganze Sternanis
- 4 EL Butter (in Stücken)
- 2 reife Pfirsiche
- 40 g Zucker

1 Den Ingwer schälen und in dünne Scheiben schneiden. Die Vanilleschote der Länge nach aufschneiden und die Hälften quer halbieren. Die Zimtstangen ebenfalls halbieren. Den Backofen auf 200 °C vorheizen.

2 Aus Pergamentpapier vier Quadrate (à etwa 20 x 20 cm) ausschneiden und alle Gewürze und die Butter gleichmäßig darauf verteilen.

3 Die Pfirsiche waschen, halbieren und entsteinen. Die Pfirsichhälften auf den Schnittflächen mit dem Zucker bestreuen und je 1 Hälfte auf die Gewürzmischung legen. Die Ecken der Pergamentblätter oben zusammennehmen und mit Küchengarn zu Päckchen binden. In eine ofenfeste Form setzen und im Ofen etwa 12 Minuten garen. Die Päckchen aus dem Ofen nehmen, auf kleine Teller setzen und servieren.

Nachtisch

Joghurt-Limetten-Creme

Zutaten für 4 Personen:
1 1/2 Blatt weiße Gelatine
110 ml Limettensaft
65 g Zucker
250 g Naturjoghurt
abgeriebene Schale von
1 unbehandelten Limette
250 g Sahne

1 Die Gelatine in kaltem Wasser einweichen. Den Limettensaft mit dem Zucker in einem Topf erwärmen.
2 Die Gelatine ausdrücken und unter Rühren in der Limetten-Zucker-Mischung auflösen. Den Joghurt und die Limettenschale unterrühren und die Creme abkühlen lassen.
3 Die Sahne steif schlagen und unter die Joghurt-Limetten-Creme heben. Nach Belieben dünne Limettenscheiben auf vier Gläser verteilen, die Creme daraufgeben und bis zum Servieren kühlstellen. Nach Belieben mit Limettenzesten garnieren.

Vanillecreme

Zutaten für 4 Personen:
3 Eigelb
75 g Zucker
250 ml Milch
Mark von 1/2 Vanilleschote
2 Blatt weiße Gelatine
250 g Sahne

1 Die Eigelbe und den Zucker verrühren. Die Milch mit dem Vanillemark in einem Topf aufkochen lassen und unter kräftigem Rühren zu der Eigelb-Zucker-Masse geben. Die Gelatine in kaltem Wasser einweichen.
2 Die Eiermilch zurück in den Topf gießen und unter ständigem Rühren so lange erhitzen, bis die Masse etwas dicker wird. Die Gelatine ausdrücken und unter Rühren in der Eiermilch auflösen. Durch ein Sieb streichen und abkühlen lassen.
3 Die Sahne steif schlagen und unter die abgekühlte Vanillecreme heben. Nach Belieben etwas Mango-Dip (siehe Seite 57) in vier Gläser geben und die Vanillecreme darauf verteilen. Bis zum Servieren kühlstellen.

Nachtisch

Quarkparfait mit Fruchtmark

Zutaten für 4 Personen:

Quarkparfait
3 Eigelb
100 g Zucker
65 ml Milch
Mark von ½ Vanilleschote
160 g Magerquark
50 g Crème fraîche
125 g Sahne

Fruchtmark
200 g rote Früchte, z. B. Erdbeeren, Himbeeren, Kirschen (keine Johannisbeeren)
40 g Puderzucker

1 Für das Quarkparfait die Eigelbe und den Zucker in einer Metallschüssel im heißen Wasserbad aufschlagen. Dazu die Metallschüssel in einen passenden Topf mit heißem Wasser hängen, die Schüssel sollte das Wasser dabei nicht berühren.

2 Die Milch mit dem Vanillemark in einem Topf einmal aufkochen und etwas abkühlen lassen. Die warme Vanillemilch unter die Eiermasse rühren. Den Quark und die Crème fraîche unterrühren und alles abkühlen lassen.

3 Die Sahne steif schlagen und unter die Quarkcreme heben. In eine gefrierfeste Kastenform (15 cm Länge) füllen und im Tiefkühlfach mindestens 12 Stunden gefrieren lassen.

4 Für das Fruchtmark die Früchte verlesen, waschen und abtropfen lassen. Falls nötig, entsteinen bzw. putzen. Mit dem Puderzucker in einem hohen Rührbecher mischen und mit dem Stabmixer pürieren. Das Fruchtmark durch ein Sieb streichen.

5 Zum Servieren die Kastenform bis knapp unter den Rand in heißes Wasser tauchen und das Quarkparfait vorsichtig stürzen. Das Parfait in Scheiben schneiden und mit dem Fruchtmark auf Desserttellern servieren.

Geschabtes Capri-Eis

Zutaten für 4 Personen:
40 g Ingwer
70 g Zucker
350 ml frisch gepresster Orangensaft
Saft von 1/2 Zitrone

1   Den Ingwer schälen und reiben. Den Zucker und 100 ml Wasser in einem Topf aufkochen. Den Ingwer, den Orangen- und den Zitronensaft dazugeben und alles mit dem Stabmixer aufmixen.
2   Die Zitrus-Ingwer-Masse durch ein Sieb in eine gefrierfeste Schüssel gießen und zugedeckt im Tiefkühlfach mindestens 12 Stunden zu Eis gefrieren lassen.
3   Das Capri-Eis herausnehmen, mit einem Löffel in vier Gläser schaben und nach Belieben mit Minzeblättern servieren.

Nachtisch

Weiße Schokoladenmousse

Zutaten für 4 Personen:
2 Blatt weiße Gelatine
250 g weiße Kuvertüre
1 Ei
1 Eigelb
2 cl brauner Rum
2 cl Orangenlikör
(z.B. Grand Marnier)
600 g Sahne

1 Die Gelatine in kaltem Wasser einweichen. Die Kuvertüre grob hacken, in eine Metallschüssel geben und im heißen Wasserbad schmelzen lassen. Dazu die Metallschüssel in einen passenden Topf mit heißem Wasser hängen, die Schüssel sollte das Wasser dabei nicht berühren.
2 Das Ei und das Eigelb in einer Schüssel schaumig schlagen. Die Gelatine ausdrücken und unter Rühren in der warmen Kuvertüre auflösen. Den Rum und den Orangenlikör unterrühren. Die Kuvertüremischung zu der Eiermasse geben, verrühren und abkühlen lassen.
3 Die Sahne steif schlagen, unter die abgekühlte Schokocreme heben und die Mousse mindestens 6 Stunden kühlstellen.
4 Die weiße Schokomousse herausnehmen, mit einem Esslöffel Nocken abstechen und mit frischen Früchten servieren.

Brombeer-Gratin

Zutaten für 4 Personen:
2 Eier
40 g Zucker
80 g Sahne
500 g Brombeeren

1 Den Backofen auf 200 °C vorheizen. Die Eier trennen. 1 Eiweiß mit 1 Prise Zucker steif schlagen, das restliche Eiweiß anderweitig verwenden. Die Eigelbe und den restlichen Zucker in einer Schüssel schaumig schlagen.
2 Die Sahne steif schlagen. Die Sahne unter den Eigelbschaum heben, dann den Eischnee ebenfalls unterheben.
3 Die Brombeeren verlesen, waschen und abtropfen lassen. Die Ei-Sahne-Mischung in eine Gratinform oder eine ofenfeste Form füllen und die Beeren darauf verteilen. Das Brombeer-Gratin im Ofen (Mitte) etwa 7 Minuten backen.

Nachtisch

Sweet Spring Roll mit Schokosauce

Zutaten für 4 Personen:

Schokosauce
150 ml Milch
50 g Zucker
150 g Zartbitterkuvertüre

Spring Roll
1 kleine reife Mango
20 g Zucker
Saft von 1/2 Limette
4 Blätter Frühlingsrollenteig
(tiefgekühlt; ca. 21 x 21 cm)
etwas verquirltes Eigelb
Öl zum Frittieren

1 Für die Schokosauce die Milch und den Zucker in einem Topf aufkochen. Die Kuvertüre fein hacken und unter Rühren in der heißen Milch schmelzen lassen. Die Schokoladensauce beiseite stellen und abkühlen lassen.

2 Für die Spring Roll die Mango schälen, das Fruchtfleisch vom Stein und in feine Streifen schneiden. Mit dem Zucker und dem Limettensaft marinieren.

3 Die Frühlingsrollenblätter mit jeweils einer Spitze nach unten auf der Arbeitsfläche auslegen, auftauen lassen und die marinerte Mango parallel zur Kante der Arbeitsfläche darauf verteilen. Die untere Teigspitze über die Früchte rollen. Die seitlichen Spitzen nach innen einschlagen. Den oberen Rand innen mit Eigelb bestreichen, die Rolle vollständig aufrollen und den Teig mit den Fingern fest andrücken.

4 Das Öl in einem Topf auf 170 °C erhitzen (siehe Seite 15, Schritt 4) und die Sweet Spring Rolls darin etwa 3 Minuten goldbraun frittieren. Herausheben und auf Küchenpapier abtropfen lassen. Die Rolls auf kleinen Tellern mit der Schokosauce servieren und nach Belieben mit Puderzucker bestäuben.

> Mango: Reife Mangos duften und ihre Schale gibt auf Fingerdruck leicht nach. Flugware hat meist den perfekten Reifegrad. Ihr Geschmack ist leicht süßlich-fruchtig, aber nicht übertrieben süß.

Nachtisch

Flambierte Bananen

Zutaten für 4 Personen:
4 Bananen
80 g Butter
80 g Zucker
4 cl brauner Rum
Saft von 2 Orangen und
1 Limette
2 EL geröstete Sesamsamen

1 Die Bananen schälen und der Länge nach halbieren. Die Butter in einer Pfanne erhitzen und die Bananenhälften darin auf beiden Seiten kurz anbraten. Den Zucker darüberstreuen und leicht karamellisieren lassen.
2 Mit dem Rum ablöschen und flambieren. Den Orangen- und Limettensaft dazugießen und leicht einköcheln lassen.
3 Die flambierten Bananen mit dem Sesam bestreuen und mit der Zitrussauce aus der Pfanne servieren.

Omas Zwetschgenklöße

Zutaten für 4 Personen:
350 g mehlig kochende
Kartoffeln · Salz
1 Ei · 160 g Mehl
3 EL Butter
8 Zwetschgen · 8 Würfelzucker
70 g Panko (asiat. Paniermehl)
3 EL Zucker · Zimtpulver

1 Die Kartoffeln schälen, waschen und in einem Topf mit Salzwasser etwa 20 Minuten garen. Abgießen, etwas ausdampfen lassen und durch die Kartoffelpresse in eine Schüssel drücken.
2 Das Ei unter die noch heiße Kartoffelmasse rühren. Das Mehl, 1 EL Butter und 1 Prise Salz dazugeben und alles zu einem glatten Teig kneten.
3 Die Zwetschgen waschen und längs einschneiden, dabei nicht halbieren und entsteinen. Jede Zwetschge mit 1 Stück Würfelzucker füllen.
4 Aus der Kartoffelmasse mit den Händen acht Klöße formen und dabei mit den Zwetschgen füllen. In einem großen Topf Wasser erhitzen, leicht salzen und die Zwetschgenklöße im leicht köchelnden Salzwasser etwa 10 Minuten gar ziehen lassen.
5 Inzwischen die restliche Butter in einer Pfanne erhitzen. Den Panko, den Zucker und 1 Prise Zimt dazugeben, anrösten und auf einen flachen Teller geben. Die Zwetschgenklöße mit dem Schaumlöffel herausheben, abtropfen lassen und in der Pankomischung wälzen. Mit der Vanillesauce (siehe Seite 147) servieren.

Steffens Bratapfel mit Vanillesauce

Für 4 Stück:

Bratäpfel
4 säuerliche Äpfel (z. B. Elstar)
50 g Mandelblättchen
100 g Marzipanrohmasse
50 g Rumrosinen
Zimtpulver

Vanillesauce
2 Vanilleschoten
250 ml Milch
250 g Sahne
120 g Zucker
7 Eigelb

1 Für die Bratäpfel die Äpfel waschen und trocken reiben. Oben am Stielansatz einen „Deckel" abschneiden und beiseite legen. Die Apfelschale mit einem Messer rundherum dünn einritzen, damit die Äpfel im Ofen nicht platzen. Die Kerngehäuse mit einem Apfelausstecher entfernen. Den Backofen auf 200 °C vorheizen.
2 Die Mandelblättchen in einer beschichteten Pfanne ohne Fett goldbraun rösten. Die Mandelblättchen mit dem Marzipan, den Rosinen und 1 Prise Zimt in einer Schüssel verrühren.
3 Die Äpfel mit der Marzipanmischung füllen und die „Deckel" wieder aufsetzen. Auf ein Backblech oder in eine ofenfeste Form setzen und die gefüllten Äpfel im Ofen etwa 20 Minuten garen.
4 Für die Vanillesauce die Vanilleschoten der Länge nach aufschneiden und das Mark herauskratzen. Die Vanilleschoten und das Mark mit der Milch, der Sahne und der Hälfte des Zuckers in einem Topf aufkochen.
5 Die Eigelbe und den restlichen Zucker in einer Schüssel verrühren. Die Vanilleschoten aus der heißen Milch-Sahne-Mischung entfernen und die Mischung auf die Eigelbe gießen, kräftig durchrühren und zurück in den Topf geben. Unter ständigem Rühren einmal kurz aufkochen lassen, durch ein Sieb streichen und kühlstellen. Die Bratäpfel aus dem Ofen nehmen und mit der Vanillesauce servieren.

Das war's!
Ich fand's gut, Sie hoffentlich auch.

Glossar

Dashi
Japanische Fischbrühe aus Seetang mit getrocknetem Bonito-Thunfisch. Sie ist eine sehr würzige Fischbrühe, die für alle Suppen und Saucen verwendet werden kann. Dashi wird in Instant-Form angeboten.

Garnelengröße
Garnelen werden in Größenklassen angeboten. Zahlenangaben wie 13/15 bedeuten, dass durchschnittlich 13 bis 15 Garnelen der entsprechenden Sortierung 1 englisches Pfund (lb), also 454 g ergeben.

Kombu
Kombu oder Konbu ist eine Seetangart. Kombu ist einer der drei Hauptbestandteile von Dashi. Auch beim Reiskochen fügt man ihn hinzu, um dem Reis zusätzliches Aroma zu verleihen. Kombu ist zäh und wird nicht mitgegessen. Gute Qualität erkennt man an der dunkelbraunen Farbe und dem süßlichen Aroma.

Masago
Bei besonders feinkörnigem orangefarbenem Rogen handelt es sich um Masago. Der Rogen sieht dem Rogen der Fliegenden Fische (Tobbiko) sehr ähnlich, ist aber etwas heller. Masago ist der deutlich preiswertere Rogen der Kapelan-Fische (Verwandte des europäischen Stints). Masago und Tobbiko gibt es tiefgekühlt in Asienläden. Sie schmecken nur ganz leicht und angenehm nach Fisch. Deshalb sind sie auch eine feine Zutat für Salate.

Mirin
Mirin ist ein süßer goldfarbener japanischer Reiswein, der zum Kochen verwendet wird. Er hat etwa 10 Vol.-% Alkohol und sollte möglichst kurz aufgekocht werden.

Panko
Das asiatische Paniermehl besteht aus 85 Prozent Weizenmehl, Zucker, Hefe, Salz, Öl und Stärke. Fleisch, Fisch oder Gemüse, das mit Pankomehl paniert ist, wird beim Braten oder Frittieren besonders kross. Die grobe Paniermischung bildet eine Kruste, die mit Cornflakes vergleichbar ist.

Sake
Sake ist ein farbloser bis leicht gelblicher Reiswein mit etwa 15 Vol.-% Alkohol. Er wird entweder gekühlt (6 bis 10 °C), ungekühlt (Zimmertemperatur) oder auch erwärmt (bis zu 40 °C) getrunken.

Shiso-Kresse
Die großblättrige, dunkelrote Kresseart liegt geschmacklich zwischen Koriander, Petersilie und Minze. Man streut sie vor dem Servieren auf die Gerichte.

Tempura
Tempura ist eine japanische Garmethode. Garnelen oder Gemüse werden durch einen flüssigen Teig gezogen und frittiert. Die Mischung für den Tempura-Teig besteht aus Weizen- und Reismehl sowie Backpulver. Enthält die Mischung noch Maismehl, wird die Teigkruste noch knuspriger.

Togarashi-Pfeffer
Ein Pfeffer von intensiver Schärfe, bestehend aus Chili, Sansho-Pfeffer, Algen, Orangenschale, Mohn, weißen und schwarzen Sesamsamen. Er passt zu Fisch, Fleisch und Geflügel und wird sparsam verwendet. Togarashi-Pfeffer wird auch als Sieben-Gewürze-Mischung bezeichnet.

Unagi
Unagi ist eine japanische Aalspezialität, die in einem aufwändigen Prozess hergestellt wird. Der Aal wird über Holzkohle aus Eichenholz gegrillt und anschließend gedünstet, um ihm Fett zu entziehen. Dann mariniert man ihn in Teriyaki-Sauce, bevor er ein zweites Mal gegrillt wird. Unagi schmeckt würzig-süß und ist für Sushi eine gute Alternative zu rohem Fisch. Vor dem Verwenden wird er immer temperiert. Unagi-Sushi dippt man nicht in Sojasauce, da sie bereits sehr würzig schmecken.

Wakame
Die Braunalgen würzen vor allem Suppen, runden aber auch andere Gerichte mit ihrem Meeresaroma ab. Sie werden getrocknet angeboten und vor der Verwendung in kaltem Wasser eingeweicht, dabei vergrößert sich ihr Volumen um das Siebenfache.

Wasabi
Der grüne japanische Meerrettich erinnert geschmacklich an scharfen Senf. Es gibt ihn in der Tube oder als Pulver, das mit Wasser zu einer Paste gerührt wird. Wasabi ist ein Muss bei allen Sushi-Gerichten und wird oft zum Nachwürzen dazuserviert. Bei Tisch rührt man entweder etwas Wasabi in die Sojasauce oder gibt eine kleine Menge direkt auf das Sushi-Häppchen. Allgemein gilt für Sushi-Anfänger: „Weniger ist mehr."

Register

A/B
Avocado, gefüllte, mit scharfem Tuna und Kresse	36
Bananen, flambierte	146
Barbecue-Mayonnaise	56
Beef Nigiri	73
Bratapfel, Steffens, mit Vanillesauce	147
Brombeer-Gratin	143

C
Caesar's Dressing	58
California Roll	64
Capri-Eis, geschabtes	141
Caterpillar Roll	66
Chirashi Sushi	73
Crab Cake	100
Crab Gunkan	60
Crab Spring Roll mit Papaya und Avocadocreme	108
Crème brûlée mit grünem Tee und roter Grütze	136
Crunchy Roll	65

D/E
Deutsche Ente „Peking Art"	122
Die schnellste Crème brûlée Hamburgs	136
Doradenfilet, gegrilltes, mit Chili-Kartoffel-Püree	83
Dreierlei Handrollen	62
Entrecôte „Black Rare" mit Teriyaki-Pilzen	133

F
Fischstäbchen, Hensslers, mit Asia-Remoulade	95
Flambierte Bananen	146

G
Garnelen aus dem Ofen mit hausgemachtem Brot	104
Garnelen-Schaschlik mit Barbecue-Mayonnaise	99
Gebackenes Sashimi von Lachs und Tuna	40
Gebratene Sashimi von Jakobsmuscheln mit Ponzu-Sauce	41
Gebratener Schwertfisch mit Kartoffel-Avocado-Püree und Ananas-Relish	92
Gebratenes Sashimi von der Forelle	32
Gebratenes Tuna-Sandwich mit Mozzarella	37
Gebratenes Tuna-Steak mit Honig und Rahmspinat	84
Gefüllte Avocado mit scharfem Tuna und Kresse	36
Gegrillter Hummer mit Currysauce	111
Gegrillter Saibling aus der Folie mit Butterkartoffel und Asia-Gurkensalat	82
Gegrilltes Doradenfilet mit Chili-Kartoffel-Püree	83
Gegrilltes Sashimi von Wassermelone und Snapper	26
Gemüse-Carpaccio mit Jakobsmuscheln und Parmesan	114
Geschabtes Capri-Eis	141
Geschmorte Lammhaxe mit Zitronenthymian und Kartoffel-Wasabi-Püree	126
Glasierter Hummer mit Teriyaki-Spinat	110
Green Duck Roll	66
Gunkan (Grundzubereitung)	19
Gunkan, Crab Gunkan	60
Gunkan von Creamy Jakobsmuschel und Creamy Lachs	70
Gurken-Wasabi-Shooter mit Matjestatar	76
Gurken-Wasabi-Suppe, kalte, mit Garnelen	46

H/J
Handrolle (Temaki) (Grundzubereitung)	19
Handrollen, dreierlei	62
Hensslers Fischstäbchen mit Asia-Remoulade	95
Hensslers Mayo	56
Hummer, gegrillter, mit Currysauce	111
Hummer, glasierter, mit Teriyaki-Spinat	110
Hummer-Ravioli mit knusprigem Gemüse	112
Joghurt-Limetten-Creme	138

K
Kabeljau, scharf marinierter, „Nobu-Art"	78
Kalbsrücken mit Miso-Senf-Kruste	129
Kalte Gurken-Wasabi-Suppe mit Knuspergarnelen	46
Karotten-Ingwer-Suppe mit Pfefferlachs	49
Kartoffel-Frühlingsrolle mit Garnelen und Teriyaki-Creme	106
Kartoffel-Sesam-Suppe mit marinierten Krabben	52

L
Lachstatar, mariniertes, mit Avocado und Salat	30
Lachs-Tuna-Nigiri	70
Lammhaxe, geschmorte, mit Zitronenthymian und Kartoffel-Wasabi-Püree	126
Lammkoteletts, marinierte, mit scharfem Kartoffelgratin und Asia-Minzsauce	125
Loup de mer im Salzteig mit Gemüse	94

M/N
Maishähnchen im Bratschlauch mit Couscous	118
Maki (Grundzubereitung)	17
Maki Indside-Out (Grundzubereitung)	16
Maki Inside-Out spezial (Grundzubereitung)	18
Maki, zweierlei	72
Mango-Dip	57
Marinierte Lammkoteletts mit scharfem Kartoffelgratin und Asia-Minzsauce	125

Register

Marinierter Matjes mit Kartoffelpüree	76
Mariniertes Lachstatar mit Avocado und Salat	30
Mariniertes Sashimi mit Gurke und Algen	24
Matjes, marinierter, mit Kartoffelpüree	76
Mayonnaise „Spicy"	56
Miso-Samt-Suppe	53
Miso-Suppe	53
Nigiri (Grundzubereitung)	17

O
Omas Zwetschgenklöße	146
Oyster-Shooter	44

P/Q
Perlhuhn mit Pesto-Kruste und Artischockengemüse	120
Pfirsich in Pergament	137
Ponzu-Sauce	54
Quarkparfait mit Fruchtmark	140

R/S
Riesengarnelen mit Spargel-Tomaten-Gemüse	98
Rösti mit Krabben und Dillcreme	105
Saibling, gegrillter, aus der Folie mit Butterkartoffel und Asia-Gurkensalat	82
Saltimbocca von Seeteufel mit weißem Spargel	89
Sashimi von Lachs mit Nussbutter und Schnittlauch	29
Sashimi von Loup de mer „Italien"	25
Sashimi von Matjes mit Ponzu-Sauce und Masago	77
Sashimi, gebackenes, von Lachs und Tuna	40
Sashimi, gebratene, von Jakobsmuscheln mit Ponzu-Sauce	41
Sashimi, gebratenes, von der Forelle	32
Sashimi, gegrilltes, von Wassermelone und Snapper	26
Sashimi, mariniertes, mit Gurke und Algen	24
Sashimi-Salat von der Dorade	22
Scharf marinierter Kabeljau „Nobu-Art"	78
Schnitzel von Rotbarsch mit Bratkartoffeln und Zitronen-Champignons	81
Schokoladenmousse, weiße	143
Schwertfisch, gebratener, mit Kartoffel-Avocado-Püree und Ananas-Relish	92
Spaghetti mit Garnelen und Chili	107
Steffens Bratapfel mit Vanillesauce	147
Steffens Dressing	58
Sushi-Reis (Grundrezept)	14
Süßsaure Sauce	54
Sweet Spring Roll mit Schokosauce	144

T
Tafelspitz mit Kartoffelkruste und Tomaten	132
Tatar von Rinderfilet mit Wasabi-Béarnaise	130
Tempura von Black-Tiger-Garnelen mit Dip	100
Tempura-Teig (Grundrezept)	15
Teriyaki von Lachs in Pfeffersauce mit Wasabi-Gurken	87
Teriyaki-Garnelen mit scharfem Gurkensalat	103
Teriyaki-Hähnchen mit Sesamkartoffeln	121
Teriyaki-Sauce	54
Tomaten-Chili-Suppe mit Riesengarnelen	50
Tomaten-Shooter	44
Tuna mit geschmorten Pimientos	38
Tuna-Cocktail mit Avocado und Tempura-Garnelen	34
Tuna-Cocktail mit Mango und Wassermelone	34
Tuna-Saltimbocca mit Olivenölbutter und Salat	33
Tuna-Sandwich, gebratenes, mit Mozzarella	37
Tuna-Steak, gebratenes, mit Honig und Spinat	84
Tuna-Steak vom Grill mit Teriyaki-Gemüse	86

V
Vanillecreme	138
Veggie Roll	64
Vinaigrette	58

W
Weiße Schokoladenmousse	143
Wiener Schnitzel mit asiatischem Kartoffelsalat	128
Wolfsbarsch vom Grill mit Pesto-Gemüse und Dashi-Butter	88

Z
Zander in der Folie mit Zitronengras	90
Zander mit Kartoffelkruste und Gurkensalat	91
Zweierlei Maki	72
Zwetschgenklöße, Omas	146

Bildnachweis

Jan-Peter Westermann, Westermann Studios GbR:
alle Foodfotos und Stills, Foodfotos Cover Rückseite, Vor- und Nachsatz.
Außerdem: 5 Mitte, 12–13, 14–19, 28, 42–43, 48, 68, 80, 101, 124, 142

Marc Eckardt: Coverfotos (People).
Außerdem: 5 oben und unten, 6–11, 20–21, 60–61, 74–75, 96–97, 116–117, 134–135, 148

Die beliebte NDR-Kochshow mit
Steffen Henssler & Sandra Becker:

HENSSLERS KÜCHE

Die DVD zur Sendung inklusive
ausführlichem Booklet
mit allen Rezepten!

Jetzt im Handel oder
unter www.ndrshop.de!